子どもに愛が伝わる5つの方法

ゲーリー・チャップマン
ロス・キャンベル──［共著］
中村佐知──［訳］

The Five Love Languages of Children
Gary Chapman & Ross Campbell

CS成長センター

This book was first published in the United States
by Northfield Publishing,
820 N. LaSalle Blvd., Chicago, IL 60610
with the title

The Five Love Languages of Children,

目次

はじめに　子どもの愛の言語を話そう　5
第1章　愛こそが土台となる　12
第2章　愛の言語その1　スキンシップ　39
第3章　愛の言語その2　肯定的なことば　62
第4章　愛の言語その3　充実した時間《クオリティ・タイム》　84
第5章　愛の言語その4　贈り物　107
第6章　愛の言語その5　尽くす行為　128
第7章　わが子の愛の第一言語を見つけるには　153

第8章　しつけと愛の言語　175
第9章　学習と愛の言語　205
第10章　怒りと愛　227
第11章　シングルペアレントと愛の言語　256
第12章　夫婦の間で愛の言語を語る　276

おわりに　297
もっと詳しく知りたい人のために　306
愛の言語ミステリーゲーム　308

はじめに　子どもの愛の言語を話そう

「テンパってる。」「イケてる。」「うざい。」子どもたちは時として、ちょっと聞くだけでは大人には何を言っているのかわからないことば遣いをします。しかし、大人は子どもにわかるような話し方をしているかといえば、それもまた怪しいかもしれません。意思の疎通がうまくいかない中で、おそらく最も困るのは、子どもたちに愛を適切に伝えられないことではないでしょうか。あなたは自分の子どもの「愛の言語」を話せますか？　話していますか？

どの子どもにも、得意な愛の言語、つまり親の愛を一番よく理解できる方法があります。本書では、あなたのお子さんの最も得意な愛の言語を見極める方法と、その話し方をお教えします。さらに、愛を伝える他の一般的な四つの方法についても説明します。これらの愛の言語は、子どもが親の愛を実感するのに役立ちます。これから見ていくように、責任感のある大人に成長していくためには、子どもは自分が愛されていると知る必要があるのです。愛こそが、献身的で愛情に満ちた大人に成長するための土台だからです。

本書『子どもに愛が伝わる5つの方法』では、五種類の愛の言語を紹介し、どれがわが子にとって最も適しているかを見極めるお手伝いをします。2章から6章では、五つの愛の言語を順番に説明していきますので、どの章も注意深くお読みください。どの方法も、子どもが愛を受け取るのに有益なものだからです。その中には、あなたのお子さんが特に愛を感じられる「愛の第一言語」*ともいうべきものがあるでしょう。しかし、他の四つの言語も決して無駄にはなりません。それに、子どもの愛の言語は年齢とともに変わっていくこともあります。

こういうわけで、愛の言語についての各章では、まずそれぞれの方法が子どもにとってどのような意義を持つのかを述べます。たとえそれがあなたのお子さんの愛の第一言語でなくても、ぜひ学んでみてください。もちろん、わが子にとって最もわかりやすい愛の言語を見極め、それを習得することが一番です。しかし、五つの愛の言語すべてをマスターするなら、子どもは確実にあなたの愛を感じるようになるでしょう。

＊**訳注**・「第一言語」とは、話し手の母語、または最も得意とする言語を意味する。母語の次に習得する言語は「第二言語」という。本書でいう「愛の第一言語」とは、その人にとって、母語のように一番自然でわかりやすい愛の表現方法を指す。

本書では、育児における愛の重要性を強調します。育児の究極のゴールは子どもを成熟した大人へと育てることですが、どの発達段階においても、土台となるのは愛です。たとえば、怒りの感情も、本人が親の愛を感じているならば、それを前向きに持っていくことができます。親の愛が純粋で一貫していると感じるなら、子どもは親の助言にも耳を傾け、それを受け入れやすくなるのです。残念なことに、「自分には、成熟した方法で怒りに対処することを子どもに教える責任がある」と認識している親はほとんどいません。10章でも述べますが、怒りの感情を適切に処理するようティーンや子どもを訓練することは、育児において最も難しい仕事です。この仕事をうまくこなすには、愛から始めるのが鍵です。興味深いことに、親がこれをするならば、親子の愛の関係もより深く親密なものになります。

本書は、子どもをより深く愛することを学ぶ本として、全編を通して育児についての助言もします。読者のみなさんがこの非常に重要な分野に取り組むうちに、家族の関係も強まり、さらにリラックスした楽しいものとなっていくことに気づくでしょう。たとえば、しつけに関する章（8章）では、何よりも覚えておくべき二つのキーワードは「愛情深く」と「きっぱりと」だと学びます。愛が多くの罪を覆うように、愛情深くかつきっぱりとしていることは、たとえ子どもとの間に摩擦が起きても、親子の関係を守る安全網となるのです。8章では、愛情深くありながら、きっぱりとした立場を維持するには、どうしたらいいかを説明します。

2章から6章の各末尾には「行動計画」を載せました。「行動計画」には、それぞれの愛の言語を、お子さんとの間で話せるように手助けする練習やプロジェクトが入っています。この行動計画は、読者のみなさんが本書で学んだ概念を適用するのにきっと役立つでしょう。

それでは、みなさんがこの「愛の言語学習コース」を始めるにあたって、私たちからご挨拶します。

ゲーリーより

『愛を伝える5つの方法』（いのちのことば社）が大好評だったことは、私にとって大きな喜びでした。大勢の夫婦がこの本を読んだだけでなく、そこに記されている原則を実践したのです。私のもとには、愛の言語によって夫婦関係が改善されたことへの感謝の手紙が、世界じゅうから届いています。ほとんどの人たちは、配偶者の愛の第一言語を学んだことで、家庭内の雰囲気が大きく変化したと語ってくれました。中には、この本のおかげで結婚生活が救われたという人もいました。

結婚セミナーを各地で開催する中で、「子どもの愛の言語に関する本は書かないのですか?」と聞かれることが頻繁にありました。私のもとには、愛の言語の概念を子どもにも応用してみたという親たちからの多くの報告が届いていましたが、私の専門は結婚カウンセリングと結婚生活の向上なので、子どもについての本を執筆することには気乗りしませんでした。

しかし、ノースフィールド出版社（訳注・本書の版元）からそのような本を書いてみないかと打診されたとき、私は長年の友人であるロス・キャンベルに連絡を取り、一緒に執筆してくれないかと頼んでみました。感謝なことに、ロスは同意してくれました。ロスは三十年以上の経験を持つ精神科医で、特に子どもや青年の問題を専門にしています。私はロスのすばらしい働きを長い間尊敬してきましたし、彼の著作からは多くを学んできました。そして、長年にわたる個人的な交流にもずっと感謝していました。

愛の言語に関する第一作めが多くの読者の結婚を助けてきたように、本書が多くの親、教師、そして子どもたちを愛し、子どもたちと共に働いている人たちの益となることを切に祈ります。子どもの愛のニーズに、より十分に応えたいと願う方たちの助けとなりますように。

ゲーリー・チャップマン 博士
ノースキャロライナ州ウィンストン・セーラムにて

ロスより

私もゲーリーも、三十年以上にわたり愛について語り、愛について著述にあたってきました。私は、ゲーリーは、結婚生活により深い意義を見いだせるよう大勢の夫婦を助けてきました。私は、育児というきわめて重要かつ報いの大きい仕事に取り組んでいる親たちのために、本の執筆やセミナーを行ってきました。私とゲーリーはもう三十年以上のつきあいですが、二人のやっていることがこんなにも似ているとは気づいていませんでした。ゲーリーの『愛を伝える5つの方法』を読んで、初めてこのうれしくなるような事実に気づいた次第です。拙著『「本当の愛」をどう伝えるか――親と子のコミュニケーション学（How to Really Love Your Child)』（阪急コミュニケーションズ）や『10代の子供の心を理解するために（How to Really Love Your Teenager)』（いのちのことば社）とも類似点が多く、大変うれしく思いました。

ゲーリーの本で私が特に気に入ったのは、私たちは一人一人、自分の得意な愛の言語を持っていると強調されていることでした。配偶者や自分自身にとってのその特別な愛の言語を突き止めれば、結婚生活をよりよいものにすることができます。これは育児においてもすばらしい応用が利きます。それぞれの子どもも、愛を与えたり受け取ったりする独自のやり方を持っているからです。ゲーリーがそのことに気づいたとき、私たちの働きの類似性から、本書は自然な結果として生まれました。

このように非常に重要な本を執筆するにあたり、ゲーリーと協力できたことを大変光栄に思います。本書が、親や、子どもとかかわる働きに従事する人たちにとって、愛する子どもたちの最も深いニーズを満たすために大いに役立つことを心から信じます。では、私たちと一緒に子どもの五つの愛の言語の探索に出かけましょう。

ロス・キャンベル　医学博士
テネシー州シグナルマウンテンにて

第1章　愛こそが土台となる

デニスとブレンダは、八歳になる息子のベンのことで頭を抱えていました。ベンはそれまではよく勉強し、宿題もやっていました。ところが今年になってから、学校でのようすがおかしいのです。先生が練習問題を出すと、もう一度説明してもらうために先生のところに行きます。「次は何をしたらいいの」と、一日に八回も先生のところに尋ねに行くこともあります。聴力か理解力に問題があるのだろうかと、両親はベンに聴力検査を受けさせ、スクールカウンセラーは読解力テストをしました。しかし聴力は正常で、読解力も三年生としては標準的でした。

気になることはほかにもありました。ベンは時折、クラスの秩序を乱すような行動を見せたのです。たとえば、先生はいつも給食をクラスの児童と順番に食べるのですが、ベンは時々ほかの子たちを押しのけて、先生の隣に座ろうとします。休み時間に先生が運動場に姿を見せると、すぐに友達から離れ、先生のもとに駆け寄ります。つまらないことを尋ねては先生につきまとい、もう他の子とは遊びません。先生がゲームの輪に加わろうものなら、ゲームの間じゅう、先生と手をつないでいようとします。

デニスとブレンダは、先生と三回面談しましたが、何がいけないのかだれにもわかりませんでした。一年生のときも二年生のときも、自立心旺盛で伸び伸びとしていたのに、今のベンは不可解な「しがみつき行動」を示しているように見えました。また、両親は一時的なものだろうと思っていましたが、姉ともよくけんかをするようになっていました。

二人が私の「成長する結婚生活のために」というセミナーに参加し、ベンのことを話してくれたとき、二人とも、わが子がやがてとんでもない反逆者になるのではないかとすっかりおびえていました。

「チャップマン先生、結婚生活の講座でこのような質問をするのは場違いだと承知していますす。でも、デニスも私も、先生なら何かよいアドバイスをくださるのではないかと思ったのです。」そう言うとブレンダは、ベンの行動の変化について説明し始めました。

私は、今年になってからデニスとブレンダの生活に何か変化はなかったか尋ねました。デニス曰く、彼はセールスマンで、週に二度の夜勤がある以外はいつも六時から七時半には帰宅し、家で事務の仕事を片づけたり、テレビを少し見たりして過ごしていました。週末はもっぱらアメフト観戦で、以前はよくベンを連れて観に行っていたものの、ここ一年は足が遠のいていました。「外出するのは面倒なので、テレビで観るようになったのです。」

「ブレンダ、あなたはどうですか。ここ数か月で生活に何か変化はありませんでしたか。」

「そうですね。ベンが幼稚園に入園してからは三年間、パートで働いていました。でも、今年になって正社員になり、帰宅が以前よりも遅くなりました。私の父がベンを学校まで迎えに行き、私が迎えに行くまで一時間半ほど父の家で面倒を見ていてくれます。デニスが夜勤の晩は、ベンと私はたいていそこで一緒に夕食を取ります。」

まもなくセミナーの始まる時間でしたが、ベンの内面で何が起きているのかわかってきたように感じたので、このように提案してみました。

「これから結婚生活についてお話ししますが、そこで私が説明する原則が、あなたがたとお子さんとの関係にもどう当てはまるか、考えながら聴いていてください。そしてセミナーが終わったら、お二人がどんな結論に到達したか、ぜひお知らせください。」私が一言のアドバイスもなく会話を打ち切ったので、彼らは少し驚いたようでしたが、私の提案を喜んで受け入れてくれました。

その日の終わり、ウィスコンシン州ラシーンで持たれたセミナーの参加者が会場を後にし始めたとき、デニスとブレンダが私のもとに駆け寄ってきました。「チャップマン先生、ベンの内面で何が起きているのか、わかってきたように思います。」新しい発見に頬を紅潮させながら、ブレンダが言いました。

「先生が五つの愛の言語について説明されたとき、ベンの一番の愛の言語は『充実した時間《クオリティ・タイム》』に違いないと、私と主人の間で意見が一致したのです。この四、五か月を振り返ると、確かに、以前のようにはあまりベンと充実した時間を過ごしていませんでした。

パートで働いていたときは、毎日私がベンを学校に迎えに行き、家に帰る道すがら、二人でいろんなことをしたものでした。ちょっと買い物をしたり、公園に寄ったり、おやつを食べたり。帰宅すると、ベンは宿題をしました。そして夕食後、特にデニスが仕事で留守の夜などは、二人でゲームをしたものでした。それなのに、私がフルタイムで働くようになってからは、それが一変してしまったのです。確かに、私は今ではもう以前のようにはベンと時間を過ごしていません。」

デニスに視線を投げると、彼も言いました。

「ぼくは、以前はベンをよくアメフトの試合に連れていっていましたが、行かなくなってからは、それに代わる父子の時間を持ってあげていませんでした。この数か月、ぼくもベンとあまり一緒に過ごしていませんでした。」

「大切なことに気づきましたね。あなたがたは、ベンの心の奥にあるニーズに目が開かれたのだと思いますよ。」私は二人に言いました。「ベンは愛を必要としているのです。お二人がそのニーズに応えてあげれば、ベンの行動はきっと変わるでしょう。」

私は、充実した時間《クオリティ・タイム》を通して愛情を表現するためのいくつかの鍵となる方法を挙げ、自分のスケジュールにベンと過ごす時間を組み込むようデニスに提案してみました。ブレンダには、フルタイムで働き始める前のように、もう一度ベンと一緒にできることがないか探してみるよう勧めました。二人とも、一刻も早く新しく気づいたことを実行に移したがっていました。

「ほかの要因もあるでしょうが、ベンと充実した時間《クオリティ・タイム》をたっぷり過ごし、それからほかの四つの愛の言語もうまく散りばめるなら、ベンの行動は格段に変化するでしょう」と私は言いました。

そして挨拶をして別れましたが、その後デニスとブレンダからは連絡がなかったので、正直なところ、この件については忘れていました。しかし二年ほど経って、別のセミナーでウィスコンシンを訪れたとき、二人がやってきて、あのときの会話を思い出させてくれたのです。二人とも満面の笑みで、私たちは再会を喜びました。それから、彼らがセミナーに連れてきた友人を紹介してくれました。

「ベンはどうしていますか」と私が尋ねると、二人はにっこりほほえんで言いました。

「とてもよくやっています。先生には何度もお便りしようとしたのですが、なかなか手が回らなくて失礼いたしました。あの後、家に帰ってから、先生に教えていただいたことを早速実践してみました。数か月にわたって、意識してベンと充実した時間《クオリティ・タイム》をたっぷり過ごすようにしました。そうしたら、わずか二、三週間のうちに、ベンの学校での行動が劇的に変化したのです。担任の先生から再び呼び出されたほどでした。ドキドキしながら面談に臨んだところ、ベンがこんなに変わるなんて一体何をしたのかと聞かれました。」

担任の先生は、ベンの困った行動がやんだと言いました。給食の時間にほかの子どもを押しのけて先生の隣に座ろうとしたり、何度も質問をしに先生のところにやってくることもなくなった、と。ブレンダは、あるセミナーに参加してから、夫婦でベンの「愛の言語」を話すようにしたのだと、先生に話しました。「とにかくたっぷりと、ベンと充実した時間《クオリティ・タイム》を過ごすようにしたのです、と先生にお伝えしました。」

この夫婦は、息子の愛の言語で話すことを学びました。つまり、ベンに理解できる方法で、「愛しているよ」と伝えるすべを学んだのです。この話を聞いたとき、私は本書を執筆しようという気になりました。愛の言語に関する私の最初の著作『愛を伝える5つの方法』は、夫婦間の愛の言語に焦点を当てたものでした。つまり、配偶者にとっての一番の愛の言語で語りかけるなら、相手は自分が愛されていると感じられるということでした。その中で、子どもの第一の愛の言語を見極めることについても一章を割いてお話ししました。本書では、子どもが愛されていると感じられるために、これらの五つの愛の言語が具体的にどのように助けになるかを見ていきます。

子どもの愛の言語を話していれば、その子が後になって反抗することがないということではありません。自分は親に愛されていると知っているなら、子どもは安心し、希望を持てるようになるという意味です。責任感のある大人へと成長する助けになるということです。愛がその土台となるのです。

子育てにおいては、すべてが親子の愛情関係にかかっています。子どもの愛情のニーズが満たされていなければ、何事もうまくいきません。心から愛されている、大切にされていると感じることができて初めて、子どもは何をするにも全力を尽くすことができるのです。たとえ親は本当に心から愛していても、子どもがそれを感じていなければ、つまり子どもにあなたの愛が伝わる方法で愛情表現をしていなければ、子どもは愛されているとは思いません。

心のタンクを愛で満たす

子どもに理解できる愛の言語で話しかけるなら、その子の「心のタンク」は愛で満たされていきます。子どもは「心のタンク」が空になりかかっているときよりも、愛されていると感じるときのほうが、しつけも教育もはるかによく受け入れてくれるものです。

子どもはみな、心にタンクを持っています。そこには、児童期や青年期の日々の課題に挑むための心の強さが蓄えられていきます。車が燃料タンクに蓄えられたガソリンによって動力を供給されるように、子どもたちも心のタンクから燃料を得ます。私たち大人には、子どもたちが自分の能力を十分に発揮できるよう、彼らの心のタンクを満たしてあげる責任があるのです。

では、それを何で満たしてあげればいいでしょうか？　もちろん、愛、それも特別な愛によってです。子どもたちの成長と成熟を促すような愛です。

子どもの心のタンクは、無条件の愛で満たしてあげる必要があります。本物の愛はいつも無条件だからです。無条件の愛とは、子どもの存在をそのままで受け入れ、肯定する「完全な愛」です。子どもの行動には左右されません。子どもが何をしようが（あるいは、しまいが）、変わらずにわが子を愛します。しかし悲しいことに、条件つきの愛を示してしまう親は少なくありません。子どもの存在そのものよりも、プラスアルファの何かに愛が影響されるのです。条件つきの愛は、子どもが何かを達成することが前提になっています。それではまるで、望ましい行動を見せたり、期待した結果を出したときだけに何らかの報酬を与える、訓練法のようなものです。

もちろん、訓練やしつけは必要です。しかしそれは、心のタンクが満たされてからのことです。子どもの心のタンクは、プレミアム燃料、つまり無条件の愛でしか満たすことができません。子どもたちの「愛のタンク」は、満たしてもらうのを待っています。それは定期的に消耗するので、繰り返し入れ直す必要があります。憤りや愛されていないという思い、罪悪感、恐れ、不安といった問題を防ぐことができるのは、無条件の愛だけです。私たちは、無条件の愛を注いで初めて、わが子を深くまで理解し、子どもの行動（よいものも悪いものも）に対処できるようになります。

モリーは中流家庭に育ちました。父は近所に勤め、母は専業主婦で時々パートの仕事をする程度でした。両親は働き者で、自分たちの家庭や家族に誇りを持っていました。夕食の支度は父親の役目で、後片づけはモリーと父親が一緒にしました。土曜日はその週の雑用を片づける日で、夜はいつも、みんなの好きなホットドッグやハンバーガーでした。日曜日の朝は家族で教会に行き、午後は親戚で集まりました。

モリーや弟が幼い頃は、両親はほぼ毎日、本を読んでくれました。学校に上がると、勉強を頑張るよう励ましてくれました。両親は、自分たちにはその機会がなかったものの、子どもたちには大学まで進学してほしいと願っていました。

中学時代、モリーにはステファニーという友達がいました。二人はほとんどの授業が一緒で、昼食もよく肩を並べて食べていました。しかし、互いの家を行き来することはありませんでした。行き来していたら、両者の家庭には大きな違いがあることに気づいたでしょう。ステファニーの父は羽振りのよいセールスマンで、たくさんの稼ぎがありましたが、めったに家にいませんでした。ステファニーの母は看護師で、兄は私立の寄宿学校に入っていました。ステファニーも三年間寄宿学校に入れられていましたが、地元の公立学校に移りたいと懇願し、それでモリーと同じ学校に転校してきたのでした。父は留守がちで母も仕事で忙しかったため、外食はいつものことでした。

モリーとステファニーは中学三年までは仲良しでしたが、ステファニーは祖父母の家の近くにある進学校に進みました。二人は一年めは文通をしていましたが、やがてステファニーにボーイフレンドができ、手紙はだんだんと減り、ついに来なくなりました。モリーにもほかの友達ができ、転校生の男の子とつきあうようになりました。そのうちステファニーの家族が引っ越し、それっきりになりました。

モリーがステファニーのその後を知ったら、さぞかし悲しんだことでしょう。ステファニーは結婚し、子どもが一人生まれたものの、麻薬密売人として逮捕され、数年間刑務所に入ったのです。そして、夫はその間に彼女から去りました。一方のモリーは、幸せな結婚をして二人の子どもを授かりました。

子ども時代には仲の良かった二人が、なぜこんなにも違う道を歩むことになったのでしょうか。答えは一つではないでしょうが、ステファニーが心理療法士に語ったことから、その理由を垣間見ることができます。「私は、一度だって両親に愛されていると感じたことはありませんでした。最初に麻薬に手を出したのは、友達に好かれたかったからです。」ステファニーは両親を責めたくてこう言ったのではなく、自分自身を理解しようとしていたのでしょう。

ステファニーのことばに気づきましたか。両親が彼女を愛していなかったのではなく、ステファニーが愛されていると感じていなかったのです。たいていの親はわが子を愛していますし、子どもにも愛を感じてほしいと願っています。しかし、その思いをうまく伝える方法を知っている親はほとんどいません。親が子どもを無条件に愛せるようになって初めて、子どもにもどれだけ自分が本当に愛されているのか、知らせることができるのです。

子どもが愛されていると感じるには

現代社会では、健全な心を持った子どもを育てるのが、日増しに難しくなっています。近年の麻薬の蔓延《まんえん》に多くの親はおびえ、教育現場の現状を見てホームスクールや私立学校を選ぶ親も増えています。都市でも地方でもいたるところで起きる暴力事件に、わが子は無事に成人できるのかと心配する親もいます。

このように厳しい現実であればこそ、親であるみなさんは希望を持ってください。子どもとの愛に満ちた関係を楽しんでください。本書では、子育ての中でも特に重要な側面、すなわち子どもの愛の求めに応えるということに焦点を当てます。子どもが親から真に愛されていると感じていれば、生活のあらゆる面で親の指導に敏感に反応するようになります。私たちが本書を執筆したのは、読者のみなさんが持っている子どもに対する愛を、子どもにもっと深く実感してもらえるようお手伝いするためです。子どもたちが理解し、応答できる愛の言語をあなたが習得するなら、それは実現します。

　子どもが自分は愛されていると実感するには、親がその子に応じた愛の表現方法（「愛の言語」）を学ぶ必要があります。どの子どもも、それぞれ一番自分に合った方法で愛を感じるものだからです。子ども（実際には、すべての人たち）が愛を示し、またそれを理解する方法は、基本的に五種類あります。「スキンシップ」、「肯定的なことば」、「充実した時間《クオリティ・タイム》」、「贈り物」、「尽くす行為」です。家族に子どもが複数いるなら、おそらく子どもたちはそれぞれ異なる愛の言語を持っているでしょう。性格が異なれば、理解する愛の言語が違うとしても不思議はありません。子どもが二人いれば、各々異なった方法で愛される必要があるのは当たり前です。

「何がなんでも」の愛

あなたのお子さんに最も適した愛の言語がどれであっても、一つ重要なことがあります。それは、あなたの愛は無条件に差し出されなければならないということです。無条件の愛は暗やみを照らし導く光です。子育ての過程で、私たちが親として今どこにいて、何をなすべきなのかを教えてくれます。このような愛がなければ、子育ては混乱し、方向性を失うでしょう。五つの愛の言語を詳しく見ていく前に、無条件の愛の本質とその重要性について考えてみます。

「無条件の愛」とは具体的にどういうものでしょうか。無条件の愛は、たとえどんなことがあっても子どもに愛を示します。何がなんでも、です。子どもの外見がどうであれ、長所や短所、障害が何であれ、親が何を期待しようとも、そして（これが最難関ですが）子どもがどんな行動をしようとも、断固として愛することです。子どもの行動をすべて好きになりなさいというのではありません。たとえその子がまずいことをしたときでも、愛していると伝えるのです。

それではまるで、甘やかしているようだと思いますか。そうではありません。重要なことから優先させよということです。どんなしつけも教育も、効果的に行うためにはまず、子どもの愛のタンクを満タンにしなければなりません。愛のタンクが満たされている子は、親の指導にも恨みがましくなることなく従います。

そんなことをしたら子どもを「ダメにする」のではと恐れる人もいますが、それは誤解です。子どもにとって、無条件の愛をもらいすぎることはありません。子どもを「ダメ」にするのは、しつけの欠如や、偏った愛情を注ぐことです。真の無条件の愛は決して子どもをダメにはしません。なぜなら、無条件の愛を与えすぎることなどありえないからです。

これらの原則は、あなたがこれまで正しいと思ってきたこととは異なっていて、あなたには受け入れがたいかもしれませんね。もしそうならば、子どもに無条件の愛を与えることは難しく思えるかもしれません。しかし、実際にやってみて、それがどんな益を生むかを見れば、もはや難しいとは思わないでしょう。あきらめないで、あなたのお子さんにとっての最善を尽くしてあげてください。精神的に安定した幸せな子どもになるか、不安定で怒りっぽく、扱いにくくて未成熟な子どもになるかは、親の愛情次第なのですから。

これまで無条件の愛で子どもを愛してこなかったなら、最初は難しく感じるかもしれません。しかし、無条件の愛を実践するにつれ、そこには確かにすばらしい効果があると気づくでしょう。あらゆる人間関係において、あなたもまた、より愛に満ちた献身的な人へと変わっていくからです。もちろん、完璧な人などいません。四六時中、無条件に愛せるとはかぎりません。

けれども、そのゴールに向かって歩み続けるなら、あなた自身が、何がなんでも、より一貫して愛せる人になってきたと気づくでしょう。

次のリストは子どもについてのごく当たり前の記述ですが、子どもを無条件に愛することを学ぶにあたり、心に留めておいてください。

1　彼らは子どもである。
2　子どもっぽくふるまいがちである。
3　たいていの子どもっぽいふるまいは、大人にとって不快なものである。
4　子どもがどんなに子どもっぽいふるまいをしていても、親が子どもを愛し、親としての役目を果たしていれば、いずれ成長して子どもっぽいふるまいをしなくなる。
5　子どもが親を喜ばすようなことをしたときだけ彼らを愛し（条件つきの愛）、そのようなときにしか愛情を示さないなら、子どもたちは心から愛されているとは感じない。そうなると、子どものセルフ・イメージは傷つき、不安定になる。さらには、自制心を養い、より成熟した行動を学ぶという子どもの成長過程も阻まれる。したがって、子どもの成長や行動は、子ども自身の責任であると同時に親の責任でもある。
6　親の要求や期待に応えたときだけ愛するなら、子どもは自分を無能だと思い、どんなに頑張っても無駄なのでベストを尽くす意味はないと思い込むようになる。そして不安や緊張感、劣等感、怒りに絶えず苛《さいな》まれることになる。こうしたことから子どもを守るには、親は子どもの全成長に責任があることを自覚し、繰り返し自分に言い聞かせるべきである。(この点についてさらに知りたい読者には、ロス・キャンベル著『「本当の愛」をどう伝えるか——親と子のコミュニケーション学』をお勧めします。)

7　子どもを無条件に愛するなら、子どもは自分に自信を持ち、大人へと成長していくにつれ、不安感や自分の行動をうまく制御できるようになる。

もちろん、年齢相応の行動というものがあります。十代の子どもは幼い子とは異なる行動をとりますし、十三歳の子は七歳児とは違った反応をするでしょう。いずれにせよ、彼らは未成年であり、大人にはなりきっていないことを覚えておかなくてはなりません。時には失敗することも当然あります。彼らの成長を辛抱強く見守ってあげましょう。

愛以外にも大切なこと

本書は、子どもが持つ愛のニーズと、それをどう満たすかに一番の焦点を当てます。なぜなら、そのニーズこそ子どもの心が最も必要としているものであり、親子関係にも大きな影響をもたらすからです。ほかのニーズ、とりわけ身体のニーズは目につきやすいですし、たいていは満たしてあげることも簡単です。しかし感情的なニーズほどには満足感を与えず、人生へのインパクトもそれほど大きくありません。子どもたちに衣食住を与えることはもちろん必須ですが、親には、子どもたちの精神的かつ感情的成長と健康にも責任があるのです。

子どもが健全な自尊心や適切な自己肯定感を持つ必要に関しては、これまでも多くの本が書かれてきました。自分を過剰評価する子どもは、自分は他者より優れていると考えます。つまり、自分は天から特別にこの世に与えられた存在であり、願うものは何でも与えられて当然だと思うのです。自分を過小評価する子どもは、「ぼくは他の子のように頭はよくないし、運動もできないし、かっこよくもない」という思いに苦しみます。「できないよ」がお決まりのセリフで、「やらなかった」が彼の現実です。親として、わが子に健全な自尊心が育まれるよう最大限の努力をすることは、非常にやりがいのある仕事です。子どもが健全な自尊心を持つならば、自分ならではの才能や能力を持った重要な社会の一員として、社会に貢献したいという願いを抱くようになります。

もう一つの子どもの普遍的なニーズに、安心と安全があります。先行き不安なこの世の中にあって、親が子どもに安心感を与えるのは日ごとに難しくなっています。「ぼくを置いていってしまうの？」という心の痛む質問を、親に投げかける子どもが増えています。悲しいことに、実際に親に置いていかれた友達がたくさんいるのです。片方の親がすでにいないなら、残った親もいつかいなくなるのではと、子どもはおびえているかもしれません。

　対人関係のスキルを養う必要もあります。人にはみなそれぞれに価値があることを知り、互いに持ちつ持たれつのバランスの取れた友情を築けるようにするのです。この能力を持たないと、子どもは引きこもったり、大人になってもうまく人づきあいができなくなるかもしれません。基本的な対人関係のスキルに欠ける子は、自分の目的のためなら他者を平気で押しのける身勝手な人間になるかもしれません。さらに、対人関係のスキルには、権威に対して適切な態度をとれるという重要な側面もあります。人生をうまく生きるとは、あらゆる場面でいかに権威というものを理解し、尊重するかによるのです。この能力に欠けると、他にどんな能力を持とうともほとんど役に立ちません。

　親は、子どもたちがその子ならではの才能や能力を伸ばせるよう手助けしなくてはなりません。そうすれば、子どもたちは生来の能力を発揮することで、心に満足感と達成感を持つでしょう。よき親であるためには、子どもにはっぱをかけたり励ましたりの微妙なバランスを維持する必要があるのです。

最も重要なものは愛

子どもには、ほかにも正当なニーズがありますが、本書では愛に焦点を当てます。子どもにとって、愛こそほかのすべてのニーズの基礎になると確信するからです。人間のすべてのよい活動は、愛され、愛することを学ぶことが土壌となり、そこから育っていくのです。

幼年期

赤ん坊にとって、おっぱいと優しさ、離乳食と愛情に区別はありません。食べ物がなければ子どもは飢えます。愛がなければ心が飢え、生涯にわたり正常に機能できなくなります。多くの研究によって、人生における感情的基盤は生後十八か月までにでき、中でも特に母子関係が重要であることが示唆されています。子どもが健全な心を育んでいくための〝食べ物〟は、親子のスキンシップであり、優しいことば、愛情に満ちた世話なのです。

幼児期になり、自我が芽生えると、子どもは自分の愛の対象物と自分自身を区別し始めるようになります。それまでは、母親が赤ん坊の視界から離れるものでしたが、今度は子ども自身が母親（自分が依存していた人）から離れる能力を持ちます。外に目を向けるようになるにつれ、より積極的に愛することを学びます。もはや愛を受け取るだけでなく、愛に応答するようになります。しかしながら、これは自らを与えるというよりも、愛する人を自分のものにするという種類のものです。次の数年間で子どもの愛情表現能力はより豊かになり、そのまま愛され続けるなら、自分からもどんどん愛を与えるようになるでしょう。

幼年期に築かれる愛の土台が、後の子どもの学習能力を左右し、新しい情報を吸収できるようになる時期も、それによってほぼ決まります。十分に学習準備ができていないまま学校に進む子どもが大勢います。情緒的に用意ができていないのです。子どもが年齢に応じて効果的に学習できるようになるには、まず心がそれにふさわしい成熟レベルに到達している必要があります。ただ単に子どもをよい学校に通わせたり、先生を替えても答えにはなりません。親は責任を持って、情緒的にも学習に向けて準備してあげましょう。（愛と学習の関係については、第9章でさらに述べます。）

青年期

子どもの愛のニーズを満たすとは、口で言うほど簡単ではありません。青年期に入るとなおのことです。青年期はそれ自体が多くの危険をはらんでいますが、心のタンクが空のままで青年期に入る子どもは、十代特有の問題に対してとりわけ傷つきやすくなります。

条件つきの愛で育った子どもは、自分もまた条件つきの愛で愛するようになります。そういう子どもが青年期に入ると、しばしば親を操り、振り回すようになります。自分がうれしいときには親のことも喜ばせ、自分が不機嫌なときは親のこともいらだたせます。そうなると親は無力です。親は子どもが自分を喜ばせてくれるのを待っているのですが、子どもはどうやって無条件で愛するのか知らないからです。この悪循環は往々にして、ティーンに怒りや憤り、感情の爆発を引き起こすことになります。

愛と子どもの感情

子どもはもっぱら感情的な存在であり、最初に世の中を理解するのも感情によります。妊娠中の母親の精神状態は、胎内の赤ん坊にまで影響を与えるという近年の研究もあります。胎児は母親の怒りや幸福感に反応します。そして成長するにつれ、両親の心の状態に非常に敏感になります。

キャンベル家では、子どもたちが自分の感情以上に父親の感情を意識していることがよくありました。子どもに、私が自分でも気づいていなかったような感情を指摘されることがよくあったのです。たとえば、娘が「パパ、何を怒ってるの？」と言います。そんなとき、自分では怒っているとは思わなくても、ちょっと手を止めて考えてみると、なるほど、その日起こったある出来事に、私はまだ腹を立てていたのかと気づいたりしたものでした。

またあるときは、子どもの一人に、「パパ、どうしてそんなにうれしそうなの？」と聞かれたこともありました。「どうしてパパの機嫌がいいとわかるんだい？」何か態度に出ていたのかなと思いつつ、私は聞き返します。すると娘のケアリーは、「だって、うれしそうに口笛を吹いてるもん」と言うのです。私は、自分が口笛を吹いていることにすら気づいていませんでした。

子どもとはすばらしいですね。彼らは親の感情にとても敏感です。親が子どもに示す愛もすぐに感じ取ります。しかし、だからこそ親の怒りを恐れるのです。このことについては、後に詳しく述べましょう。

私たちは、わが子が理解できることばで愛を伝えなければなりません。家出をする十代の子どもは、自分はだれからも愛されていないと思い込んでいます。家出をした子どもの親たちの多くは、自分はわが子を愛していると言います。確かにそうなのでしょう。ところが、その愛がうまく子どもに伝わっていないのです。そういう親たちは食事を作り、洗濯し、学校の送り迎えをし、塾や習い事をさせてきました。こうしたことはすべて、無条件の愛が最初にあるなら、正当な愛の表現です。しかし、最も大切な愛の代用には決してなりませんし、子どもはその違いを知っています。子どもたちは、自分が何よりも深く渇望しているものを受け取っているか、ちゃんとわかっているのです。

愛をどう伝えるか

悲しいことに、無条件に愛され、大切にされていると感じている子どもはあまりいません。にもかかわらず、たいていの親は心からわが子を愛しているのです。なぜこのように悲惨な矛盾が起きるのでしょう。主な理由は、多くの親がわが子への心からの愛情をどうやって子どもの心に届けたらいいのか、わかっていないことにあります。愛しているのだから、子どもも当然わかっているだろうと思っている親もいます。「愛しているよ」と子どもに言いさえすれば、愛は十分伝わるはずだと思う親もいます。しかし、残念ながらそうではないのです。

行動を変えるところから始める

もちろん、愛を感じてそれをことばにするのはよいことですが、それだけでは子どもが無条件に愛されていると感じるには不十分です。なぜなら、子どもは行動に反応するものだからです。子どもは親の行為、つまり親が自分にしてくれることに応答します。ですから、子どもの心に届くためには、彼らの流儀に従って愛するべきでしょう。つまり行動で表すのです。

これには親にとっても利点があります。たとえば、その日は最悪な日で、疲れ、落ち込んで帰宅したとします。あまり愛情に満ちた気持ちにはなれません。けれども、愛情のこもった行動をすることはできます。行動自体は難しくないからです。このように、気持ちがついてこないときでも、子どもに愛を与えることはできるのです。

こんなやり方は正直ではないし、子どもに見抜かれてしまうのではと思うかもしれませんね。確かに見抜かれるかもしれません。子どもは感情にとても敏感ですから。子どもは、あなたが愛情深く感じられないときにはそれを察知します。しかし、それにもかかわらず、あなたが愛ある行動をとってくれていることを体験します。そのときの心の状態がどうあれ、親が愛をもって子どもに接するのであれば、子どもはその親の愛を一層感じて感謝するだろうとは思いませんか。

子どもは、親が自分にどのように接してくれるかで、親の自分への気持ちを感じ取ります。使徒ヨハネは、次のように記しています。「子どもたちよ。私たちは、ことばや口先だけで愛することをせず、行いと真実をもって愛そうではありませんか。[1]」子どもに愛を表す行動を箇条書きにするなら、一ページにも満たないかもしれません。そもそもそんなに多くの方法はないのですが、それでいいのです。シンプルにしておきましょう。大切なのは、子どもたちの愛のタンクを満タンにし続けることです。行動による愛情表現には、大きく分けて、スキンシップ、肯定的なことば、充実した時間《クオリティ・タイム》、贈り物、尽くす行為、の五つがあることだけ覚えておいてください。

わが子の愛のことばで語りかける

先に述べた五つの愛の言語の中には、自分の子どもにはこの方法だと特によく愛が伝わる、というものがあるでしょう。わが子にわかりやすい愛の言語を語るなら、愛情に対する子どもの深いニーズを満たすことができます。もちろん、その言語だけを使っていればいいというのではありません。子どもの愛のタンクを満たすには、五つの言語すべてが必要です。ということは、親は五つすべてを学ぶべきです。続く五章でそれについてお話しします。

子どもたちは五つの愛の言語のどれを通しても愛を受け取ることができますが、それでもたいていの子どもには、最も愛が伝わりやすい方法があります。ほかの方法よりももっと大きく心に響く、愛の第一言語です。子どもの愛のニーズを効果的に満たしたいと思ったら、まずはその子の愛の第一言語を見つけることが肝心です。

第2章以降では、あなたのお子さんの愛の第一言語を発見するお手伝いをします。しかし一つ注意事項があります。五歳未満の子どもについては、その子の愛の第一言語が見つかると思わないでください。それは無理だからです。ヒントとなることが子どもの中に見られる場合もありますが、この年齢では子どもの愛の言語は特定できないのが普通です。とにかく五つの言語すべてを話してあげてください。優しく触れ、ほめ、一緒に充実した時間を過ごし、贈り物をし、身の回りの世話をしてやること、そのすべてがその子に対する愛の表現となって、心のニーズを満たします。そうして子どもが心から愛されていると感じるなら、ほかの分野でも学んだり応答したりすることがずっと容易になります。この愛が中心となって子どものほかのニーズも満たされていくのです。子どもが成長してからも、五つの言語のすべてを用いましょう。わが子にとって特に効果的な愛情表現方法は出てくるでしょうが、成長するためには五つの言語すべてが必要です。

もう一つ注意事項があります。子どもの愛の言語を見つけ、子どもが必要な愛情を受け取るようになっても、だからといって、その後の人生が一切問題なく進むとは期待しないでください。挫折もあれば、誤解もあるでしょう。しかし、子どもはあなたの愛によって養われます。愛の水が注がれるとき、子どもはやがて花を咲かせ、世界をその美しさで祝福するでしょう。親の愛がなければ、しおれた花のようになり、水を請い求めるでしょう。

わが子が立派な成人に成長することを願うのであれば、五つの愛の言語を駆使して愛情を示し、子ども自身にも愛の言語の使い方を教えてあげてください。それは子どもたちにとってだけでなく、彼らと共に生き、関係を持つ人たちにも価値あるものとなります。成熟した大人としての一つのしるしは、スキンシップ、肯定的なことば、充実した時間《クオリティ・タイム》、贈り物、尽くす行為、という五つの愛の言語を用いて、周りの人に愛と感謝を与え、また周りからそれを受け取ることができる能力です。これができる大人はほとんどいません。多くの人は、せいぜい一つか二つの方法しか知らないのです。

さまざまな方法で愛を示すということがあなたにとって初めての試みであるなら、これを実践することで、人間関係の理解と質においてあなたもまた変化し、成長していくことに気づくでしょう。そしていつの日か、あなたの家族も、真の意味で「多言語」を話す家族となるでしょう。

注

1　新約聖書　ヨハネの手紙第一　三章一八節。

第2章　愛の言語その1　スキンシップ

小学五年生のサマンサは、最近家族で新しい町に引っ越してきました。「今年は引っ越したり、新しい友達をつくったりして、大変な一年間だったなあ。前の学校ではみんなのことを知っていたし、みんなも私のことを知っていたのに。」「お父さんとお母さんのせいで引っ越して、住み慣れた町や友達から離れてしまって、お父さんたちから愛されていないように感じたりする?」サマンサに聞くと、彼女はこう答えました。「そんなことないよ。私に意地悪して引っ越したわけじゃないもの。お父さんとお母さんが私のことを愛しているのはよくわかってるの。だって、いつもたくさんハグやキスをしてくれるから。引っ越さずにすめばそのほうがよかったけど、お父さんの仕事のためにはしかたがなかったんだもんね。」

サマンサの愛の言語は「スキンシップ」です。体の触れ合いによって、親の愛がわかるのです。ハグやキスはスキンシップの中でも代表的なものですが、ほかの触れ合いもあります。たとえば、あるお父さんは一歳の息子を抱き上げては空中にほうり投げます。また、七歳の娘の手を取って踊るようにぐるぐる回すお父さんもいます。そうすると娘は思いきり笑います。あるお母さんは、三歳の子どもをひざの上に抱いて絵本を読みます。

親子の間で見られるこのような肌の触れ合いは、その頻度は意外と多くありません。調査によると、必要があるときにしか子どもに触れない親が多いのだそうです。たとえば、着替えさせるとき、車に乗せるとき、ベッドに連れていくときだけ、という具合です。子どもがどれだけ触れてもらうことを必要としているか、多くの親は気づいていません。子どもは親とスキンシップがあるだけで簡単に愛のタンクが満たされるものだと、わかっていない親が多いようです。

スキンシップは愛の言語の中でも、最も簡単に無条件に用いることができるものです。親が子どもに触れるのに、特別な機会や理由など必要ありません。親は、スキンシップによってほぼいつでも子どもの心に愛を届けることができます。スキンシップという愛の言語はハグやキスに限ったものではなく、あらゆる種類の体の触れ合いが含まれます。たとえ忙しいときでも、子どもの背中や肩や腕などに優しく触れることはできるでしょう。

スキンシップによる愛情表現が得意な親もいれば、まるでそれを避けるかのような親もいます。これは、親が自分で気づいていない、あるいは気づいていてもどう変えたらいいのかわからない場合が多いようです。スキンシップという一番基本的な方法で子どもに愛情表現をすることを学ぶのは、多くの親にとって有益です。

フレッドは四歳の娘のジェニーとの関係を心配していました。というのも、ジェニーはフレッドから離れたがり、まるでお父さんと一緒にいるのを嫌がっているかのようだったからです。フレッドは愛情深い父親でしたが、控えめであまり感情を外に出さない人でした。スキンシップを通して感情を表現することにも、いつも抵抗を感じていました。しかしフレッドは、娘との関係をもっと深めたいと心から願っていたので、自分のやり方を変えることも厭《いと》いませんでした。まずは、ジェニーの腕や背中、肩にそっと触れることから始めました。そして触れる回数を徐々に増やし、ついには違和感なしに愛する娘にハグやキスができるようになりました。

このような変化は、フレッドにとって必ずしも容易なことではありませんでしたが、実際にやってみるにつれ、ジェニーがどれだけ父親からの愛情を必要としていたのか痛切にわかるようになりました。ジェニーは、愛情を感じられないと、父親に向かって怒るのでした。ジェニーが父親からの愛情に飢えたままだったら、将来の彼女のあらゆる男性との関係もゆがんでしまいかねなかったことを、フレッドは理解するようになりました。

幼い子どもにはスキンシップが必要

フレッドは、スキンシップというこの愛の言語の威力を見いだしました。近年、多くの調査が同様の結果を示しています。つまり、抱っこされ、抱きしめられ、キスをされる赤ん坊は、長時間このようなスキンシップなしで置かれる赤ん坊よりも、より健全な心が育まれるということです。

スキンシップは最も大きな愛の声の一つです。「愛してる！」と叫ぶのです。子どもとのスキンシップの重要性は、近年に始まったことではありません。紀元一世紀のパレスチナに在住のヘブライ人たちは、イエスに「さわっていただこうとして」子どもたちを彼のもとに連れてきました。マルコは、そのときイエスの弟子たちは親たちを叱ったと記録しています。弟子たちは、イエスはほかのもっと「重要な」ことで忙しくて、子どもたちとかかわる暇などないはずだと思ったのです。しかし、イエスは憤られました。「『子どもたちを、わたしのところに来させなさい。止めてはいけません。神の国は、このような者たちのものです。まことに、あなたがたに告げます。子どものように神の国を受け入れる者でなければ、決してそこに、入ることはできません。』そしてイエスは子どもたちを抱き、彼らの上に手を置いて祝福された」と

あるとおりです。（マルコの福音書一〇章一三―一六節）

第7章では、子どもの愛の第一言語を発見することを学びます。あなたのお子さんの愛の第一言語はスキンシップではないかもしれませんが、そうだとしても関係ありません。すべての子どもは、スキンシップを必要としています。そして多くの文化で、賢い親はわが子と触れ合う大切さを認識しています。親だけでなく、祖父母、学校の先生、教会のリーダーといった、ほかの重要な人たちから優しく触れてもらうことの必要性も認識しています。スキンシップの愛の言語を話す人たちは確かにたくさんの触れ合いを求めますが、子どもが「愛しているよ」ということばの真実を感じるためには、大人から抱きしめられたり、さすってもらうことが必要不可欠なのです。

性的虐待に関する恐れのために、多くの人たちが健全な形でのスキンシップさえも控えるようになってしまいました。実に残念なことです。あなたもこの恐れのせいで、愛の最も自然な形であるスキンシップをためらうようになってしまったかもしれませんね。ゆがめられた、異常な性行動に走る大人がいることは確かであり、そのような犯罪者は告訴され、厳しく処罰されるべきです。しかし、子どもをハグする人がみな、小児愛者であると疑われるべきではありません。ある程度の予防措置はもちろん必要でしょう。しかし訴えられることを恐れて、子どもに適切な愛情を表現することをやめてしまってはいけません。わが子や、小さい親戚の子や、あなたが世話をしている子どもたちに、キスやハグをすることをためらわないでください。

成長の段階とスキンシップ

乳幼児期

子どもは、人生の最初の数年間にたくさんのスキンシップを必要とします。幸いにも、赤ん坊を抱き上げたりあやしたりすることは、母親にとってほとんど本能的であるようです。そしてたいていの文化では、父親も積極的に愛情表現をします。

しかし忙しいアメリカの親たちは、かつて自分が親から触れてもらっていたほどには、もはや自分の子どもに触れなくなっているかもしれません。毎日、長時間勤務の末、疲れきって帰宅するのは珍しくないでしょう。外で仕事をしている母親は、自分の代わりにあなたの子どもの面倒を見る人が、自由に子どもに触れたり抱いたりできるようにしてください。あなたの子どもは、一日を通して愛情をこめて触れてもらっていますか。独りぼっちでだれからも相手にされず、ベビーベッドに寝かされたままになっていませんか。赤ん坊の世話をするときは、おむつを取り替えるときでも、ミルクを飲ませるときでも、移動させるときでも、いつも愛情をこめて優しく触れてあげましょう。赤ん坊でも、優しくされるのと乱暴に扱われることの違いはわかります。親は、自分が直接子どもの世話をできないときでも、代わりに世話をする人が十分な愛情をもって子どもを扱っていることを確認しましょう。

赤ん坊が成長して行動範囲が広がっていっても、スキンシップの必要性は変わりません。ハグやキス、床の上でじゃれあう、おんぶをするなど、愛情のこもった楽しい触れ合いは、子どもの感情的発達には不可欠です。子どもは、日々、何度も意味のあるスキンシップを必要としており、親は子どものそのニーズを満たすためにあらゆる努力をすべきです。スキンシップで愛情表現をするのが苦手なら、最初は違和感があるでしょうが、続けるうちに慣れてきます。子どもにとって愛情あるスキンシップがいかに大切であるかを理解するならば、自分には不慣れなことでも、ぜひとも努力しようと思えるでしょう。

男の子も女の子も、スキンシップが必要なのは同じです。しかし、男の子のほうが女の子よりも、あまりスキンシップをしてもらえない傾向があります。それには多くの理由がありますが、一番の理由は、身体的に愛情を示すと男の子が女の子っぽくなってしまうのではと親が感じることでしょう。もちろん、そんなことはありません。親が子どもの心のタンクを満たしていればいるほど、子どもの自尊心も性同一性（訳注・自分を男性または女性として正しく認識すること）も、より健全なものになります。

学童期

小学校に上がっても、子どもはスキンシップを切実に必要としています。朝、家を出る前に「いってらっしゃい」のハグがあるかないかで、その日一日を感情的に安定して過ごせるかどうか、違ってくるかもしれません。学校から帰ってきたときに「お帰り」と抱きしめてもらえるかどうかが、その日の残りを精神的にも身体的にも落ち着いて過ごせるか、あるいは親の注意を引こうとして大騒ぎをすることになるのかを決めるかもしれません。なぜでしょう。子どもは毎日学校で新しい経験をしています。そして先生や友達に対して、よい感情と悪い感情の両方を抱えて帰宅するのです。ですから家庭は、揺るぎない愛のある安全な場所でなくてはなりません。スキンシップは愛を表す最も強い言語であることを忘れないでください。親が自然で心地よい口調で話しかけるなら、子どもは安心して、他の人ともスムーズに意思の疎通ができるのです。

「でも、私には息子が二人いますが、大きくなるにつれてそんなに愛情を必要としなくなりました。特に、スキンシップなど求めてきません。」そう反論する方もいるでしょう。しかし、それは違うのです。すべての子どもは、幼児期から青年期までの成長過程を通して、スキンシップを必要としています。男の子が七歳から九歳くらいになると、愛情深いスキンシップを嫌がるかのようになることはよくあります。しかしそれでも、彼らにもスキンシップは必要です。その年代の男の子は、もっと激しい身体的接触、たとえばレスリングや相撲、押しくらまんじゅう、がっちりと肩を組み合う、「やったね！」と互いの手のひらをパチンと打ち合わせる、などといった形でのスキンシップを好みます。女の子もこのようなスキンシップを楽しみますが、優しい形でのスキンシップも嫌がりはしません。男の子のように、愛情に抵抗したがる段階を通らないからです。

この発達段階でのスキンシップの多くは、スポーツやゲームを通して得られます。バスケットボール、アメフト、サッカーなどはすべて、身体的接触のあるスポーツです。庭で子どもと一緒にこういった運動をするなら、スキンシップだけでなく、子どもとの「充実した時間《クオリティ・タイム》」にもなります。もちろん、スキンシップの機会はこのような運動だけではありません。子どもの頭をなでる、肩や腕に触れる、背中や足を軽くたたくなど、励ましのことばをかけながらこういったことをするのなら、成長する子どもにとって意味のある愛情表現になります。

多くの親のお気に入りのスキンシップは、子どもをひざに抱いて本を読んであげることでしょう。これだと、より長い間子どもと触れ合っていることができます。子どもにとって、生涯思い出に残る貴重な体験になるかもしれません。

ほかにも、子どもが病気のとき、けがをしたとき、気持ちが傷ついているとき、疲れているとき、何かおもしろいことあるいは悲しいことが起きたときなども、子どもはスキンシップを必要とします。このような場合、女の子だけでなく男の子にも、十分に愛情をこめたスキンシップをもって接することが重要です。成長の過程で、愛情をこめたスキンシップを「女々しい」と思う時期を通る男の子は、確かに珍しくありません。嫌がられると、親としてはつい遠慮してしまいがちです。また、親のほうでも、ある段階の男の子にはあまりスキンシップをしたくないと感じることもあるでしょう。もしそのように感じることがあっても、その思いに負けないでください。男の子にも遠慮なくスキンシップを与えてください。たとえうれしそうにしなくても、彼らにはそれが必要なのです。

思春期（前青年期）

子どもが小中学生のうちは、親は子どもを、成人になる前の人生で一番難しい時期、すなわち青年期に向けて整えているのだということを、常に念頭に置きましょう。子どもが幼いうちは、その心のタンクを満たしてあげることは比較的容易です。（すぐに空になってしまうので、何度も繰り返し補給することが必要ですが。）しかし子どもの成長とともに、心のタンクも大きくなり、だんだん満タンにしておくことが難しくなります。息子はいずれ、あなたよりも体格が大きくなり、腕力も強くなり、賢くなるでしょう。（本人に聞けば、そう言うに違いありません！）娘も同じように、あなたよりも頭の回転が速く、いかにも一人前のようになっていくでしょう。

たとえ思春期（前青年期）の子どもたちがあなたの愛情を必要としているそぶりを見せなくても、彼らの心のタンクを満たし続けてください。この時期の男の子は、女々しく見られたくないからと親に触れられるのを嫌がるかもしれません。女の子も、父親から距離を取ろうとするかもしれません。しかし、思春期の娘を将来に向けて適切に育てたいなら、スキンシップをやめてはいけません。理由は次のとおりです。

思春期の女の子は、特に父親から愛情表現を受ける必要があります。男の子と違って、無条件の愛を確信することが一層重要になり、十一歳頃で最高潮に達するようです。この理由の一つには、この年代では母親のほうが、一般的に父親よりも頻繁にスキンシップによる愛情表現をしていることがあるでしょう。

六年生の女の子のグループを観察すると、後に続く青年期に向けて用意の整っている子と、葛藤《かっとう》している子の違いがすぐに見て取れます。このデリケートな段階に近づくにつれて、女の子は自分自身について肯定的に感じている必要があると本能的に察知します。また、その後のティーン時代を乗り越えるために、女性として健全な自己認識を持つ必要があることに、無意識のうちに気づいています。この時期の女の子にとって、女性として自分は価値があると感じられることが非常に重要なのです。

彼女たちを見ていると、異性とうまくかかわれない子がいるのに気づくでしょう。恥ずかしがったり、男の子の周りではおとなしくなってしまう女の子や、逆に男の子の気を引くような言動をとったり、誘惑しようとしているかのような女の子もいます。男の子はといえば、魅力的な女の子が気を引こうとしてくるのは歓迎するかもしれませんが、たいていはそういう子を高く評価せず、本人のいないところではあざけっています。しかし、こういう女の子にとっての本当の問題は自分の評判が下がることではなく、他の女の子たちとうまく関係を築けなくなることです。他の女の子たちは、その子が男の子とベタベタするのを見て眉をひそめます。この年齢では、男の子と仲良くするよりも、他の女の子たちと深い友情を築くほうがはるかに大切なのです。この時期の友情の築き方は、大人になっても続きます。

他方で、男の子たちとごく自然な関係を築いている女の子もいます。健全な自尊心と女性としての自己認識を持つがゆえに、自分のありのままの姿でいられるのです。学校一の人気者の男の子と話しているときも、恥ずかしがりやで無口な男の子と話しているときも、そういう女の子の態度は一貫し、安定しています。男の子たちもこういう子を高く評価します。しかし何よりも大切なことは、この子たちは、他の女の子たちとの間に親密で励ましに満ちた深い友情があることです。

健全でしっかりとした自尊心と女性としての自己認識を持っている女の子は、友達からの悪いプレッシャーにも、より強固に抵抗して立つことができます。そういう子たちは、家庭で教えられた道徳規準をそう簡単には曲げませんし、自分で考えて行動することができるからです。仲間との関係がうまく築けない子もいれば、美しい友情を育てている子もいるのです。どうしてこういった違いが出てくるのでしょうか。そうです、心の愛のタンクです。うまくいっている女の子たちは、父親がちゃんと彼女たちの心のタンクを満たしているのです。とはいえ、もし家庭に父親が不在だったとしても、見込みがないわけではありません。おじいさんやおじさんがよい父親の役目を担ってくれるかもしれません。父親がいなくても、あらゆる面で健全な女性に育つ子は大勢います。

ティーンとスキンシップ

子どもがティーンになると、親が愛情を肯定的な形で表現することと、それを時と場所を選んですることが重要になります。母親は、ティーンの息子を友達の前でハグしては絶対にいけません。彼は今や親から自立した自己認識を築こうとしており、母親のそのような行為は息子を恥ずかしがらせることになります。後から友人のからかいのネタにされるかもしれません。しかし、一日の終わりに、厳しいアメフトの練習から帰宅した息子を母親が温かいハグをもって迎えるならば、彼はそれを愛情の表現として受け入れるでしょう。

また、この年齢の娘には不適切ではないかと思ってキスやハグをやめてしまう父親もいます。ところが、それは正反対です。ティーンの女の子たちは、父親からのハグやキスを必要としています。父親がそれをしないならば、女の子はスキンシップのニーズを他の男性から求めようとするでしょう。それはたいていの場合、不健全な形で起こります。しかしここでも、時と場所を選ぶことが重要です。人前では、娘のほうからハグをしてくるのでない限り、父親からはやめておいたほうが無難です。しかし家庭では、父親からもハグしてあげてください。

ティーンにとって、苦しいところを通っているときや、学校で大変な課題に取り組んでいるときなどには、特にハグや他のいろいろな形での愛情あふれるスキンシップが助けになります。もちろん、同性の親からのスキンシップも忘れないでください。父が息子を抱きしめる、母が娘を抱きしめるといったことは、子どものどの成長段階においても適切です。息子には、母親からだけでなく父親からも愛情こめて抱きしめられることが必要ですし、娘もまた、父親からだけでなく母親からもたくさんの愛情表現を求めています。

ティーンの子どもたちにどのように愛情あるスキンシップをしたらいいだろうかと困っているのでしたら、大丈夫、方法はいろいろあります。たとえば、運動部の練習から疲れて帰ってきたときに、こわばった手足の筋肉をマッサージしてあげるとか、何時間も集中して勉強した後に、優しく肩をもんであげたり背中をさすってあげるなどです。背中をかいてもらうのが好きな子どもも大勢います。成長して一人暮らしを始めてからでさえもです。

ただし、ティーンの子どもにスキンシップを無理強いしてはいけません。抱きしめようとしたときに子どもが体を後ろに引いたり、肩に触れたときに跳び上がったりするなら、強引に続けないでください。理由は何であれ、その時点では触れてほしくないと思っているのです。あなたとは無関係の理由かもしれないし、親子関係で何か引っかかる部分があるのかもしれません。ティーンの心はさまざまな感情と思考と願いでいっぱいで、とにかくだれにも触ってほしくないときもあります。ことばで表されようと、態度で表されようと、子どものそのような感情を尊重すべきです。しかし、子どもがいつでもあなたに触れられることを嫌がるようなら、機会を見てその理由を尋ねるといいでしょう。

あなたは子どもにとっての模範であることを忘れないでください。子どもは、あなたがどのようにスキンシップを実践するのか見ています。子どもがどのように自分からスキンシップをしているかを見ると、その子がどれだけ親の例に倣っているかがわかります。子どもが他者との関係の中で、この麗しい愛の言語を用いているのを見るのは喜ばしいことです。

あなたの子どもの愛の第一言語がスキンシップであるなら

あなたの子どもの愛の第一言語はスキンシップですか？　第7章にはその見極め方が出ていますので、忘れずに読んでください。しかし、ここでもいくつか鍵を教えましょう。この愛の言語を一番に理解する子どもにとっては、ことばで「愛しているよ」と言ったり、プレゼントを買ってあげたり、自転車を直してあげたり、一緒に時間を過ごすよりも、スキンシップに何よりも深く愛情を感じます。もちろん、どの言語によっても愛を受け取りますが、スキンシップが何よりも効果的なのです。ハグやキスや背中をさするといった体を通しての愛情表現がないと、彼らの愛のタンクは完全には満たされません。

このタイプの子どもたちにスキンシップを用いるなら、あなたの愛のメッセージは強くはっきりと伝わるでしょう。優しいハグはどんな子どもにも愛を伝えますが、このタイプの子どもに対しては愛を叫ぶのです。反対に、怒りや敵意の表現として身体的接触が用いられると、このタイプの子どもたちは非常に深く傷つきます。平手打ちをすることはどの子どもにも有害ですが、スキンシップを一番の愛の言語とする子どもにとっては、破壊的です。

マリリンは息子のジョーイが十二歳になるまで、五つの愛の言語について学んだことがありませんでした。愛の言語セミナーの後、マリリンは友達に言いました。「これでやっとジョーイのことが理解できるわ。もう長いこと、ジョーイは何かと私に触ってくるので、すっかりうんざりしていたの。私がお皿洗いをしていると、後ろから近づいてきて両手で私に目隠ししたり、すれ違いざまに私の腕をつねったり。ジョーイが床に寝そべっているそばを通り過ぎようものなら、私の足をつかむのよ。私の腕を後ろにひねり上げることもあるし。以前は、私がソファに座っていると、私の髪の毛を触ったものだったわ。髪の毛には触らないでと厳しく言ったので、それはもうやらなくなったけど。父親にも同じことをするのよ。二人はたいてい、しまいには床に転がってレスリングをするの。

今日のセミナーで、ジョーイの一番の愛の言語はスキンシップなんだとよくわかったわ。今まであの子が私にしょっちゅう触っていたのは、私とのスキンシップを求めていたからだったのね。確かに、私はあまりスキンシップが得意ではないの。私の両親もそうだった。夫は、レスリングやじゃれあうことでジョーイに愛情表現をしていたのね。一方、私ときたら、ジョーイが私からの愛を求めていたことにも気づかず、それを避けていた。今となってはこんなに単純なことを、どうしてこれまで気づかなかったのかしら？」

その晩、マリリンはセミナーで学んだことを夫のクリスに分かち合いました。クリスは、マリリンの話を聞いて少し驚きました。「レスリングをすることが愛情表現だとは考えたこともなかったけど、言われてみればそうかもしれないな。」クリスは言いました。「自分にとって、自然なことをやっていただけなんだけど、そういえば、スキンシップはぼくにとっても一番の愛の言語かもしれない。」

マリリンがこれを聞いたとき、はっと思い当たる節がありました。道理で、クリスは何かにつけてハグやキスをしたがるわけです。特にセックスを求めているのではないときでも、彼ほどすぐに触ってきたがる人には会ったことがないと思うほどでした。その晩、あまりに多くのことに急に合点がいき、マリリンは目が回りそうでしたが、それでも、スキンシップという愛の言語を自分も学ぼうと心に決めたのでした。まずは、相手がスキンシップをしてきたら、それに応えるところから始めることにしました。

次に皿洗いをしているところにジョーイがやってきて、いつものようにマリリンに背後から目隠しをしたとき、彼女はぬれた手を止め、振り向いてジョーイを思いきり抱きしめました。ジョーイはびっくりしましたが、声を立てて笑いました。次にクリスがハグやキスをしてきたときは、二人がつきあっていた頃のように応じてみました。クリスはにっこりと言いました。「これからもどんどんセミナーに行ってきてくれよ。これはいい！」

マリリンはその後もこの新しい愛の言語を努力して学び続けました。そしてやがて、違和感なく自分からもスキンシップができるようになっていきました。しかし、そうなるよりもずっと先に、マリリンの変化に喜んだクリスとジョーイは、マリリンの一番の愛の言語である「尽くす行為」によって、自分たちも彼女の愛情表現に応えるようになっていきました。ジョーイは皿洗いをし、クリスは掃除機をかけ、マリリンは天にも昇る心地でした。

子どもたちの声

多くの子どもにとって、スキンシップはどの愛の言語よりも一番効果的です。スキンシップ抜きでは、彼らの愛のタンクがあふれるばかりに満たされることはまずありません。スキンシップの力について子どもたちが何と言っているか、以下をごらんください。

アリソン（七歳）「ママがいつもハグしてくれるのは、私を愛しているからだと思う。」

ジェレミー（大学三年生）「ぼくの両親は、いつもぼくに愛を示してくれます。覚えている限り、ぼくが出かけるときはいつでも、母はハグとキスをしてくれましたし、父も家にいるときはハグをしてくれました。帰宅するといつでも、出かけるときと同じようにハグやキスで迎えてもらっていました。今でもそうです。ぼくの友達の中にはそんなことは信じられないと言う人もいます。彼らの家族ではスキンシップはほとんどなかったそうです。でも、ぼくはスキンシップのある家族でよかったです。今でも両親にハグしてもらうのは大好きです。心が温かくなるからです。」

マーク（十一歳　両親がどれくらい自分を愛しているかを十段階評価で表すとどうなるかと聞かれ、間髪入れずに「十」。なぜそんなにはっきり言えるのかという問いに）「一つには、パパとママはぼくを愛してるっていつも言ってるからだけど、それ以上に、ぼくに対する接し方でわかるんだ。パパはいつも歩きながらすぐにぼくにぶつかってくるんだよ。そして二人で床に転がってレスリングをするんだ。パパはとっても楽しいよ。ママもいつもハグやキスをしてくれるし。今では友達の前ではやらなくなったけどね。」

ジェシカ（十二歳　母親と二人暮らし、父親のもとへは二週間に一度訪問する。ジェシカは特に父親から愛されていると感じると言う。その理由を聞かれ）「だって、私が会いに行くと、いつもハグやキスをして『会えてうれしい』って言うんだもん。私が帰るときは、長い間ハグして、『帰ってしまうのは寂しい』って言うの。ママも私を愛しているのはわかってるわ。だって私のためにたくさんのことをしてくれるし。でも、ママもパパみたいにハグしてくれたり、私と一緒にいることを喜んでくれたらいいのにって思うの。」

あなたはスキンシップが苦手ですか？　わが子の一番の愛の言語はスキンシップなので、自分も学びたいと思っていますか？　それならば、まず自分自身を触るところから始めてみてください。ええ、本気です。最初は、腕を触ってみましょう。手首から始めて、だんだんに肩まで上がってください。そして肩をさすってみてください。今度は反対側の手で、反対側の腕に同じことをしてください。両手を上げて、頭をマッサージしながら髪の毛に指をぐらせてください。額側から後ろの方に向かって、ゆっくりやってみてください。両足を床につけて背筋を伸ばして座ってください。そして自分の足をポンポンたたいてみてください。リズムをつけてやってもかまいません。おなかに片手を当ててみてください。それから前かがみになってつま先を触ってみましょう。足首もマッサージしてみましょう。体勢を元に戻し、言いましょう。「できました。自分を触れたのだから、子どものことも触れます。」

スキンシップをされたことがなく、人から触れられると不快に感じる人にとっては、この練習はスキンシップへの抵抗感を減らすための第一歩となるでしょう。スキンシップが苦手なら、子どもや配偶者に自分からスキンシップをする勇気が出るまで、この練習をぜひ毎日一回ずつ繰り返してみてください。いったん始めたら、ゴールを決めて、毎日子どもにも触るよう意識してやってみてください。慣れてきたら、一日に一回以上触るようにしてみましょう。スキンシップはだれにでも学べます。特に、あなたのお子さんの愛の第一言語がスキンシップなら、学ぶ価値は大ありです。

あなたの子どもの愛の言語がスキンシップなら……

特に親のためのアイディアを以下にご紹介します。あなたの子どもが喜びそうなことをいくつか選んで試してみてください。

- 子どもを送り出すときや寝る前などに、腕の中に抱き寄せる。小さな子どもには、ひざをついて子どもの目線に下がって抱きしめる。
- 子どもが抱きしめることのできる毛布のような柔らかいものを持たせてみる。
- 子どもがストレスを感じているときに、リラックスできるように優しく頭をなでる。
- 抱きしめてもらいたいか、頻繁に聞いてみる。
- 学校に送り出すときや帰宅したときにハグやキスをする。小さな子どもには、夜ベッドに寝かしつけるときにキスをする。
- 子どもが悲しがっているときや怒っているときは、話を聞きながら頭や背中をなでる。
- 叱るときには、叱った後で抱きしめて、よくない行動のために叱ったけれど、子どものことは愛しているのだとわからせてあげる。

・テレビを一緒に見ているとき、ソファなどに親子でくっついて座る。
・子どもが何かよいことをしたのに気づいたら、子どもと手と手を打ち合わせる。
・柔らかい枕《まくら》や毛布、セーターなど、触り心地のいいものを与える。
・「くすぐりっこ」をする。（ただし、子どもがぐったりするまではやらない。）
・身体的接触があるような運動やゲームを一緒にする。スキンシップだけでなく、一緒に時間を過ごすこともできて一石二鳥。
・小さい子どもは、ひざに抱いて本を読んであげる。
・手をたたく、くるくる回る、跳び上がるなどの動きのあるお遊戯を一緒にやる。最近はそういうビデオも多いので試しやすいはず。
・子どもがけがをしたり病気のときは、ふだんよりも長い間抱っこしたり、そばに付き添ってあげる。
・時折「グループハグ！」と叫び、家族全員でハグする。もっとおもしろくするために、犬や猫などのペットも一緒にハグする。
・子どもが自分ではもうキスは卒業したと思っていても、キスする。
・家族で祈るときに手をつなぐ。

第3章　愛の言語その2　肯定的なことば

「ぼくのお父さんはぼくを愛しているかって？　もちろん。だってぼくが野球をするとき、いつも応援してくれて、試合が終わると必ず『一生懸命プレイして偉かったぞ』って言ってくれるんだよ。お父さんは、大事なのは勝つことじゃない、ベストを尽くすことだって言うんだ。」十四歳のフィリップは続けます。「時々、ぼくが失敗してもお父さんは『心配するな』って言うよ。ベストを尽くして頑張っていれば、もっとうまくできるようになっていくからって。」

愛を伝えるのに、ことばは強力です。愛情を示すことば、称賛のことば、励ましのことば、親切なことばなどはどれも、「あなたのことが大切です」というメッセージを発します。魂から降る優しく温かい雨のようです。自分には価値があり、守られているのだという思いを子どもの心に育てます。言うときは一瞬でも、心には長く残ります。肯定的なことばは、子どもにとって一生涯の益となります。

反対に、きついことば、かっとなって発せられたことばは、子どもの自尊心を傷つけ、自分の能力を疑わせます。子どもは、親が本気でそれを言ったのだと思ってしまいます。「死と生は舌に支配される」と聖書にもあるとおりです。[1]

二つめの愛の言語は、「肯定的なことば」です。自分を肯定してくれることばに、何よりも愛を感じる子どももいるのです。これから説明するように、そのことばは「愛しているよ」である必要はありません。

愛情を示すことば

ことばの意味を理解できるようになるよりもずっと先に、子どもは心でメッセージを受け取るようになります。声の調子や語られるときの雰囲気、心のこもり具合などはすべて、感情的な温かさと愛を伝えます。どんな親でも赤ん坊には優しく語りかけるでしょう。赤ん坊は親の表情や愛情のこもった声を、身体的な近さとともに感知します。

子どもの言語や概念の使用能力は徐々に発達するものなので、小さいうちは語られることばの意味そのものは必ずしも理解しません。「愛しているよ」と言うことばでもそうです。「愛」

とは抽象的な概念ですから、おもちゃや絵本のように愛を見ることはできません。子どもは具体的に物事を考える傾向があるので、私たちが愛情表現をするときにも、彼らが理解しやすいように手伝ってあげる必要があります。「愛しているよ」ということばは、体を寄せ合うときに感じるような温かい感情と結びつくことで、子どもにとってより意味のあるものとなります。たとえば、寝る前に子どもに絵本を読んであげるとき、子どもがちょうど心温かい気持ちになるような場面で、子どもを腕の中に抱き寄せてそっと「大好きよ」とささやく、という具合です。

「愛しているよ」のことばの意味を子どもが理解するようになれば、それが学校に行くとか遊びに行くといった日々の出来事と結びつくように、いろいろな場面で用いることができます。また、愛のことばを、何か子どもについての心からの称賛のことばと組み合わせることもできます。二人の子どもの母親であるアリスは、次のように言います。「私の母は、よく私の赤毛をほめてくれたものでした。私の髪の毛をとかしながら母が言う、『なんてきれいな赤毛でしょう』ということばは、私にとって重要な自己認識の一部となりました。その後何年も経って、赤毛というのは実は少数派だと知ったときも、自分の赤毛を嫌だと思ったことはありませんでした。きっと母がいつもほめてくれていたからだと思います。」

称賛のことば

多くの場合、親が子どもに伝えるメッセージには愛情と称賛が組み合わされているものです。ここで、この二つの区別をしましょう。愛情とは、子どもの存在そのものに対する喜びを表すことです。子どもの人格や能力は、子どもの人となりの一部だからです。一方称賛とは、子どもがすることに対して示すものです。何かの達成や何らかの行動かもしれませんし、子どもが意識して気をつけている態度かもしれません。ここでの「称賛」は、子どもがそのコントロールをある程度自分ですることができることがらに対して使います。

称賛のことばが子どもにとって純粋に意味のあるものとなるためには、それをどのように用いるかに気をつける必要があります。あまりしょっちゅうほめていると、あなたのことばはありがたみを失うでしょう。たとえば、「○○ちゃんはいい子ねえ」と言うとします。これはすばらしいことばですが、よく考えて使わないといけません。子どもが自分でも何かよいことができたと感じ、ほめてもらいたいと思うようなときに言うならば、子どもにとって意味のある称賛のことばとなるでしょう。これは特に、具体的なことがらについての称賛の場合がそうです。たとえばキャッチボールで、それほど上手にボールを捕れたわけでもないときに、「うまいぞ！」と声をかけたらどうでしょうか。子どもはちゃんとした理由があってほめてもらうときと、単におだてるために言われるときの違いを知っています。後者の場合、子どもはうそをつかれたように感じるかもしれません。

頻繁にいいかげんな称賛のことばをかけることが危険なのは、ほかにも理由があります。些細なことでもしょっちゅうほめられていると、それが当たり前になり、特に何もしていないときでもほめことばをかけてもらうことを期待するようになるのです。そうすると、期待したほめことばがもらえないときには自分に何か問題があるのだと思い、不安になってしまいます。また、ほかの子たちはそんなにほめてもらっていないのを見ると、なぜ自分ばかりこんなにほめてもらわなくてはならないのか、と不思議に思うでしょう。

愛しいわが子のことをほめてあげたいのはやまやまですが、その称賛のことばが真実で正当なものであるよう気をつけましょう。そうでなければ、子どもはただのお世辞だと思うかもしれず、それは彼らにとってはうそも同然です。

励ましのことば

「励ます（encourage）」ということばは、「勇気（courage）を組み込む」ことを意味します。

私たちが目指すのは、子どもたちがいろいろなことに挑戦するための勇気を与えることです。歩く、話す、自転車に乗るといったことを学ぶには、絶えざる勇気が必要です。大人のことばによって、子どもの努力を励ますことも削《そ》ぐ（discourage）こともできるのです。

子どもは、大人の真似をしながら話すことを学ぶと言語聴覚士は言います。しかしこの行程は、大人がただ子どもの前で単語を明確に発音することだけでなく、その単語を正しく言おうと奮闘している子どもに、励ましのことばをかけてあげることで一層促進されます。「そうそう、その調子。上手に言えたね」といったことばをかけてあげると、その単語を学ぶだけでなく、今後さらに語彙《ごい》を増やしていく励みになります。

同じことが子どもの社会性の発達にもいえます。「メアリーと一緒に粘土で遊んでいたわね。とってもいいことよ。ママはうれしかったわ。お友達と仲良く遊べるのは楽しいね。」こういうことばをかけてあげると、物を独り占めしたいという本能的な気持ちに歯止めがかかり、それに代わる内なる動機づけが子どもに与えられます。また、親が六年生の子どもに次のように言う場面を考えてみてください。「ジェイソン、今日は試合の後で、スコットの話をじっくり聞いてあげていたでしょう。お母さん、とっても誇らしかったわよ。他の子たちが通りすがりにあなたの背中をたたいていたのに、あなたはそっちに気を取られないで、スコットに集中してあげていたわ。他の人の話をじっくり聞いてあげるというのは、すばらしいことね。」この親は、ジェイソンがある貴重なスキルを発達させる勇気を彼の中に植えつけています。人の話に耳を傾けるという、人間関係の中でも最も重要なスキルの一つです。子どもへの励ましのことばの力を、決して過小評価しないでください。

あなたにとって、ことばで励ますのは難しいですか？　励まされたと感じることには、感情面だけでなく体調的なこともかかわってきます。生き生きと活力にあふれているためには、エネルギーが必要です。つまり、親である私たちも、身体的、精神的、感情的、そして霊的にも、できるだけ健康な状態にあるべきだということです。自分自身が励まされていれば、私たちもまた子どもを励ましてあげることができます。両親がそろっている家庭なら、夫婦で互いに励まし合いましょう。もし片親だけの家庭なら、信頼できる友人や親戚に元気づけてもらってください。

子どもを励ますにあたり、一番の敵となるのは怒りです。親が怒りを抱えていればいるほど、子どもにその怒りの矛先を向けやすくなります。結果として、子どもは親にも権威にも従わなくなります。ということは、思慮深い親であれば、全力を尽くして自分の怒りを鎮めようとするでしょう。怒りを最小限に抑え、大人らしい成熟した方法でそれを取り扱うのです。

旧約聖書の箴言《しんげん》の著者は賢明なことを言っています。「柔らかな答えは憤りを静める。[2]」親の声の大きさは、親が言うことに対する子どもの反応を非常に大きく左右します。柔らかに話せるようになるには練習が必要ですが、だれでも学ぶことができます。また、いらだっているときでも優しい話し方をするよう心がけることもできます。なるべく文末の抑揚を上げるようにし、命令口調を避け、可能な限り問いかけるように子どもに話します。たとえば、「今すぐゴミを捨てなさい！」と言うのと、「ちょっとゴミを捨ててくれるかしら？」と言うのでは、どちらがより子どもやティーンにとって受け入れやすいでしょうか。

優しい口調で話して怒りを軽減するのは、努力してでもやってみる価値があります。ふだんからそのようにしていれば、親が子どもに何かを勧めようとするとき、子どもは親の言うことを拒否するよりも、気持ちよく受け入れてくれる可能性が高まるでしょう。

以前、『リーダーズダイジェスト』（訳注・アメリカで最も発行部数の多い総合雑誌）に、ある驚くべき数学教師の話が出ていました。ミネソタ州モリスのセント・メリー高校で、ある金曜日の午後、先生は生徒たちに、紙にクラスメート全員の名前を一行ずつ空けて列挙するようにと言いました。それから、その一人一人について、思いつく限り一番よいことを書き出すように言いました。授業の最後に先生はその紙を集め、週末の間に集計し、みんなが書いたよいことを生徒ごとに別の紙にまとめました。そして月曜日に、それぞれの生徒にその紙を渡しました。

生徒たちが自分について書かれていることを読み始めると、「私のこと、こんなふうに思ってくれているなんて」、「まさかあのことが、だれかにこんなに意味を持つとは思いもしなかった」という声が教室のあちらこちらから聞こえました。授業ではその紙についてそれ以上何も触れませんでしたが、これが生徒たちにとってよい経験になったことは明らかでした。クラスメートが書いてくれたほめことばのおかげで、みな、自分についてよい感情を抱くことができたからです。

数年後、そのときの生徒の一人だったマーク・エクランドという男性がベトナムで戦死しました。お葬式にはクラスメートのほとんどと、その数学の先生も参列しました。お葬式後の昼食会で、マークの父親が、「お見せしたいものがあります」と先生に話しかけ、ポケットから財布を取り出しました。「息子が亡くなったとき、彼が所持していたものです。先生なら、これが何かおわかりでしょう。」父親がその財布から取り出したものは、ぼろぼろになった二枚の紙でした。何度もセロテープで補強してたたんだ形跡がありました。それは、マークのクラスメートが彼について書いた称賛のことばのリストでした。

「すばらしいことをしてくださって、ありがとうございます。」マークの母親は言いました。「ご覧になってわかるように、息子にとってこの紙は宝物でした。」クラスメートたちも、一人一人、自分が今でもその紙を大切にし、時々読み返していることを打ち明け始めました。財布に入れて持ち歩いている人もいれば、結婚アルバムに貼ったという人もいました。「ぼくたちはみんな、自分のリストを大切に保管していると思います」と言った青年もいました。[3]

指導のことば

励ましのことばは、子どもが努力した具体的なことがらに焦点を当てて語られるとき、最もその効力を発揮します。子どもが何かよいことをしているところを見つけ、それをほめてあげるのがポイントです。そうです、子どもが悪いことをしているところを見つけ、それを叱るよりもはるかに大変です。しかし、やってみる価値はあります。励ましのことばによって、子どもの道徳的・倫理的発達がよい方向に導かれるからです。

子どもは指導を必要としています。自分の周りで話されている言語に触れることでことばを学び、自分が生きている社会で暮らすことにより、行動のしかたを学びます。ほとんどの文化で、子どもの社会生活への順応は主に親の責任です。単なる行動様式だけではなく、道徳的・倫理的発達も含まれます。

子どもはみな、だれかによって指導されます。もし親が指導しないなら、他の人や他の影響力のあるもの、たとえば学校、テレビ、よその大人、別のだれかから指導を受けている子どもなどが、その役割を奪ってしまうでしょう。次のように自問してみてください。「私の子どもたちは、肯定的で愛に満ちた指導を受けているだろうか?」愛に満ちた指導は、子どもの最善を常に念頭に置きます。指導の目的は、親や指導を与える大人をよく見せることではありません。子どもにとって将来益となる性質が養われるよう助けることです。そういうわけで、肯定的なことばの四つめは、子どもを導く指導のことばです。これは愛の第二言語として強力なものです。

親が子どもに向かって話すとき、正しいことを言っているのに、その言い方がまずいということがよくあります。たとえば子どもに、「薬物に手を出してはいけない」と言います。ところが、あまりに厳しく意地悪な言い方をすると、かえって子どもを薬物に走らせてしまうかもしれません。指導のことばは、好ましい形で与えなくてはならないのです。たとえよいメッセージでも、否定的なやり方で伝えられるなら、まず間違いなく否定的な結果を生むことになります。ある子どもはこう言いました。「ぼくの親は、『怒鳴るな!』とぼくに向かっていつも怒鳴るんだ。自分でもできないことをぼくにやらせようなんて、そんなのずるいよ。」

もう一つの問題は、指導とは何かを禁止することだと思っているらしい親が多いことです。「飲酒をするな、飲むなら運転するな。」「妊娠するな。」「喫煙するな。」「薬物に手を出すな。」「スピード違反をするな。」これらはどれも大切な警告です。しかし、意味のある人生を生み出すための指導からはほど遠いといえるでしょう。保護者の指導には禁止も含まれるのは確かです。しかし、それが中心になってはいけません。聖書に登場するエデンの園の話では、神がアダムとエバに与えた禁止令はただ一つだけで、それ以外はすべて肯定的なものでした。神はアダムとエバが生産的な活動によって人生を満たすよう、意味のある仕事をお与えになりました。イエスの「山上の説教」では、イエスがお与えになった指導は圧倒的に肯定的なものばかりでした。

禁止も必要ですが、私たちが与える指導のごく一部であるべきです。愛の律法こそが最高の律法です。それは、子どもたちが切実に必要としている愛に満ちた肯定的な指導です。子どもたちが人生において肯定的で意味のある探究をしているならば、親が避けてほしいと思っているような危険な道に足を踏み入れる可能性は減るでしょう。多くの若者は、薬物に最初に手を出したのは退屈していたからだと認めています。

愛に満ちた指導のことばを差し出す親は、子どもの能力と興味によく注意し、そういった彼らの興味を後押しするような肯定的なことばをかけます。学業、マナー、人間関係の築き方など、単純なことから複雑なことまで、親は愛情をこめつつ、子どもに肯定的な指導のことばをかけてあげる必要があります。

何かを禁止する場合でも、愛情のこもった方法で語ることはできます。怒鳴りつけても効果は期待できません。子どもの友人の問題点をくどくどと言って聞かせるのもだめでしょう。それよりも、薬物を使用している友人への心配を表すといった愛のこもったアプローチのほうがはるかに好ましいのです。子どもの友人がそのようによくない選択をしていることが、私には残念だということを伝えるのです。薬物や飲酒による事故や死に関する記事を子どもに見せ、「こういう若者やその家族の人生がどれだけつらいものになったかを考えるだけでも、私は胸の痛みを覚える」といったことを子どもに分かち合います。自分の親がよその若者のことを心から心配しているようすを見れば、そういう若者を非難するのを見るよりも、子どもははるかに親に対して心を開くでしょう。

あなたの子どもの愛の第一言語が肯定的なことばなら

「愛しているよ」ということばは、いつも単独で用いられるべきです。「愛してるよ。私のために○○をしてくれる?」と言うのでは、愛を薄めてしまいます。「愛してるよ。でも今は○○だからね」と言うのでは、愛を打ち消してしまいます。「愛しているよ」ということばは、決して条件節と一緒にしてその意味を薄めてはいけません。どの子どもに対してもですが、ことばによる愛情表現を愛の第一言語とする子どもには特にそうです。

十歳になるトッドは、親から見るととても無気力な子どもでした。トッドの両親のビルとメアリーは、トッドが何かに興味を見いだせるように何とかして手助けしようと、スポーツからペットまで、いろんなことを試してみました。しかしトッドは何にも興味を示さず、二人はすっかり途方に暮れてしまいました。ビルとメアリーは、「こんなにいろいろしてやっている親をもっとありがたく思え」「何かやってみたいと思うことは見つからないのか」など、年じゅうトッドの態度について不平を言っていました。もっと毎日楽しそうにできないなら、カウンセラーのところに連れていくぞと脅したことさえありました。

ビルとメアリーが愛の言語に関するセミナーに参加したとき、二人はトッドの一番の愛の言語は肯定的なことばなのではないかとすぐに思い当たりました。五つの愛の言語のうち、これだけはほとんどトッドに与えていなかったことに気づいたのです。代わりに、何かを買ってあげたり、毎日ハグしたり、一緒に時間を過ごしたり、何かをしてあげたり、ということはたくさんしていましたが、二人がトッドにかけることばは、もっぱら非難に満ちたものばかりでした。

そこで二人は、もっと意識的に息子に肯定的なことばをかけるために、計画を練りました。まずは、トッドのどんなところが好きかということを伝えるところから始めました。この実験を始めるにあたり、一か月間は、「愛しているよ、大切に思っているよ、大好きだよ」というメッセージを伝えることに集中すると決めました。

トッドは体格のいい子でした。そこでビルとメアリーは、まずはその体格のよさをほめることにしました。しかし、「立派な体格だね、だからアメフトをやるといいよ」のように、肯定的なことばに余計なおまけをつけるのでなく、ただ体格をほめるだけで終わらせるように努めました。また、トッドが何か喜ばしいことをしたときには、それについて肯定的なことを言うようにしました。たとえばトッドが犬にえさをあげたら、「そろそろえさの時間だったからね」と言うのでなく、えさをあげたことに感謝を表明するという具合にです。何か指導をするときにも、禁止ではなく、奨励するよう努めました。

一か月後、ビルとメアリーは次のように報告しました。「今やトッドはまるで別人のようで、その変化は信じられないほどです。きっと、私たちが別人のような親になったからかもしれません。今のトッドは毎日の生活をとても楽しんでいます。冗談を言って私たちと一緒に笑うようにすらなりました。犬にも自分からえさをやっていますし、先日は外で友達とアメフトをしていました。私たちが始めたことは、間違いじゃなかったようです。」

ビルとメアリーの発見は、自分たちだけでなく、息子のことも変えました。二人は、子育てとは、自分の性分に合うことだけをすればいいというものではないのだと学びました。子どもは一人一人みな違うのですから、その子に合った方法で愛情表現をすることが重要です。ビルとメアリーのケースは、子どもの愛の言語を間違った形で用い、子どもを傷つけ、いらだたせてしまう場合もあることを示すよい例でした。トッドの愛の言語は肯定的なことばだったのに、両親は非難のことばを与えていたのです。そのようなことばはどんな子どもにとっても害となりますが、肯定的なことばを愛の第一言語とする子どもにとっては非常に破壊的です。

もしあなたのお子さんの愛の第一言語も肯定的なことばで、しかし、あなたはそういうことばを子どもにかけてあげることが苦手であるなら、次のことをお勧めします。「肯定的なことば」というタイトルをつけたノートを用意してください。ほかの親が子どもに向かって肯定的なことばをかけているのを見たら、その親はどういうことを言っていたのか、ノートに書き留めるのです。育児に関する記事を読んだら、そこからあなたにも使えそうな肯定的なことばを見つけて抜き書きしてみましょう。親子関係に関する本を探し、その中からも肯定的なことばを書き出しましょう。次に、鏡の前でそれらのことばを言ってみる練習をします。頻繁に口にすればするほど、そのことばは自分のものになっていきます。そして、そのことばをあなたの子どもに実際に言うことのできる機会を探してください。一日に三回は言うようにしましょう。

いつもの非難や否定的な口調に戻ってしまうことがあれば、子どもに謝りましょう。「あなたを傷つけるようなことばを口にして悪かった。本気でそう思っていたわけではなかった」と。そして、お子さんに赦《ゆる》しを求めてください。もっとよい親になろうと努力している、あなたのことを心から深く愛していて、その愛をうまく伝えられるようになりたいのだと、お子さんに語ってください。やがて、これまでのことばの習慣を打ち破り、新しいパターンを立て上げることができるようになるでしょう。何よりの報いは、子どもの表情、特に目に変化が見られるようになり、それをあなたの心でも感じられるようになることです。そして、子どものほうからも、あなたに肯定的なことばをかけてくれるようになる可能性も高いでしょう。子どもは、自分が愛されていると感じれば感じるほど、自分からもその愛を表現しようとするからです。

子どもたちの声

以下の四人は、肯定的なことばを愛の第一言語とする子どもたちです。

メアリー（八歳）「私はママが大好きです。ママも私のことが大好きです。ママは毎日私に『大好きよ』と言ってくれます。パパもきっと私のことを好きだろうと思いますが、パパはそう言ってくれたことはありません。」

リサ（十二歳　今年、腕を骨折した）「私は、両親が私を愛してくれていることがよくわかります。なぜなら、骨折して学校の勉強についていくのが大変だったとき、お父さんとお母さんは私をとっても励ましてくれたからです。私の具合が悪かったときは、宿題を今すぐやりなさいと無理強いせず、後でやればいいからと言ってくれました。両親は、私が一生懸命頑張っていることを誇りに思う、どんなに大変でも必ずやれるとわかっているよ、と言ってくれました。」

デイビッド（元気のいいはきはきした五歳　両親の愛に確信をもって）「ぼくのママもパパも、ぼくのこと愛してるよ。だって毎日『愛してるよ』って言うもん！」

ジョン（十歳　三歳のときから里親のもとを転々として育てられた。この八か月間は四番めの里親であるボブとベッツィーと暮らしている。二人に心から愛されていると思うかとの質問に、「思う」と答え、なぜかと聞かれると、ただちに次のように答えた）「まだぼくに怒鳴ってないから。その前の里親は、年じゅう怒鳴ってたんだ。まるでゴミのようにぼくのことを扱ったんだよ。でもボブとベッツィーはぼくを人間として扱ってくれる。ぼくは欠点だらけだって自分でわかってるけど、この二人はぼくを愛してくれているって感じるんだ。」

肯定的なことばを愛の第一言語とする子どもたちにとって、親や大人たちがことばで彼らを肯定してくれるのを聞くことほど、愛を感じられるものはありません。しかし、その逆もまた真なりです。非難のことばは彼らを深く傷つけます。批判的なきついことばはどんな子どもにも有害ですが、肯定的なことばを愛の第一言語にする子どもにとっては致命的です。彼らの頭の中で、そのようなことばが何年も繰り返されることもあるのです。

そういうわけで、親をはじめ、子どもの人生にとって重要な役割を持つ大人は、否定的、批判的できついことばを言ってしまったことについてすぐに謝ることが重要です。いったん口に出したことばは謝ったところで消せませんが、その悪影響を最小限にとどめることはできるでしょう。子どもに対して否定的なことを言う傾向が自分にあると気づいたなら、夫または妻に頼んで、あなたがどんなことを子どもに言っているのか、書き留めてもらってください。そして自分が何を言っているのか、自分の目で確認しましょう。おそらく、ぎょっとして目が覚めるでしょう。それに気づくことは、否定的な話し方のパターンを打ち砕く第一歩でもあります。肯定的なコミュニケーションはどんな親子関係にも非常に重要なので、古いやり方を捨て去り、新しいやり方を築くことには価値があります。それが子どもにもたらす益は量り知れません。あなた自身が得る満足感も、大きな報いとなるでしょう。

注

1 旧約聖書　箴言一八章二一節。
2 箴言一五章一節。
3 Helen P. Mrosla, "All the Good Things," *Reader's Digest*, October 1991, 49-52.

あなたの子どもの愛の言語が肯定的なことばなら……

特に親のためのアイディアを以下にご紹介します。あなたの子どもが喜びそうなことをいくつか選んで試してみてください。

・子どものお弁当に励ましのことばを書いたメモを入れる。

・子どもが称賛に値することをしたり、よく頑張っていることがあれば、小まめにそれを認め、ほめる。たとえば、「今日はお友達に親切にしていたでしょう。お母さん、気づいたわよ。とってもうれしかったわ」とか「試合は負けてしまったけど、最後まであきらめないでよく頑張ったね。見ていて気持ちよかったぞ」など。

・子どもに、大人になったら何になりたいかを尋ねる。そして子どもがその夢を追う励みになるようなことばをかける。もし獣医になりたいと言うなら、「あなたならきっとよい獣医になると思うわ」という具合に。

・あなたが子どもをどれだけ愛しているかを語る音声ファイルやビデオを録音する。出張でしばらく留守になるときや、子どもの誕生日や特別な休日のときに、そういう録音をするのを習慣にするとなおよい。

・あなたは絵が得意なら、どれだけ子どもを愛しているかを絵に描いて示す。

・子どもが描いた絵や工作などを額に入れたり、棚に飾るなどし、なぜそれがそんなに特別なのかを記した紙も一緒に飾る。

・出張などで長期間家を空けるときは、一日に一通ずつ、子どもへの短い手紙を残していく。

・外出中に子どものことを思い出したら、「愛しているよ」と言うためにいつでも自宅に電話する。

・子どもと自分の二人の間だけで通じる、子どもの特別な愛称を考える。

・子どもを寝かしつけるときや学校などに送り出すときに、いつも「愛しているよ」と言う習慣をつける。

・子どもの絵などを、冷蔵庫や書斎、特別なスクラップブックなど、あなたが大切にしているとわかるような場所に置く。

・子どもが落ち込んでいるときに、なぜあなたが子どものことを自慢に思っているか、理由を五つ挙げる。

・子どもが確実に見る場所、たとえば洗面所の鏡やおやつの箱などに、「パパ（ママ）は○○（子どもの名前）を愛しているよ」と書いた紙を残す。思いがけないところに置かれたメッセージは力強い意味を持つ。

・写真入れのついたキーホルダーを用意し、そこに子どもの写真を入れる。子どもが見ている前でそれを取り出し、家族や友人にそれを見せる。

・「励ましの箱」を作り、そこに子どもや親が、互いに励ましのことばや称賛のことばを書いた紙を入れるようにし、定期的にそれを一緒に読む。

・チョークで玄関の前などに大きく励ましのことばや絵を描く。一緒に描いてもいいし、子どもに後から見えるようにしてもいい。

・子どもが何か役立つことをしようとして失敗しても、まずは子どもがよいことをしようとしていたというその意図を認めてあげる。

第4章　愛の言語その3　充実した時間《クオリティ・タイム》

四歳のセーラは、ジニーの足を引っ張って言いました。「ママ、ママ、遊びに行こうよ！」「今は遊べないのよ。」ジニーは言います。「ママはポテトサラダを作らないと。これが終わったら遊ぼうね。しばらく一人で遊んでらっしゃい。そしたら二人で一緒に何かしましょう。」五分後、セーラは戻ってきて、もう一度遊ぼうとねだりました。ジニーは答えました。「セーラ、今はこのサラダを作ってるって言ったでしょ。さあ、あっちに行って。ママもすぐに行くから。」

セーラは台所から出ていきますが、また四分後には戻ってきます。ようやくポテトサラダはできあがり、二人は一緒に遊ぶことができました。しかし、明日もまた同じことの繰り返しなのは、目に見えています。

ここから何がわかるでしょうか。おそらく、セーラの愛の第一言語は「充実した時間《クオリティ・タイム》」なのでしょう。お母さんが何ものにも邪魔されることなく自分だけに注意を向けてくれるとき、セーラは愛されていると感じるのです。何度も母親のところに戻ってきてせがむのはそのためです。しかし、ジニーは繰り返し同じことをせがまれると、邪魔されているように感じます。もしこれがあまり長く続けば、セーラに向かって「キレて」しまうかもしれません。そして、セーラが願っているのとは正反対に、おしおきとして部屋に閉じ込めてしまうかもしれません。

「こんなとき、母親はいったいどうしたらいいの？」ジニーは悩みます。「子どもを愛しながらも、自分の仕事を終わらせることはできるのかしら。」答えはもちろん、「できる」です。子どもの愛の第一言語を学ぶことは、解決策へ向かう第一歩です。もしジニーが、ポテトサラダを作り始める前に、十五分間セーラと一緒に時間を過ごしていたなら、おそらく邪魔されることなくゆっくりサラダ作りに専念できたでしょう。この場合、子どもの空っぽのタンクを満たせるのは親にかまってもらうことだけなので、子どもはそれを得ようとして何時間でもつきまとうのです。

たとえあなたの子どもの愛の第一言語が「充実した時間《クオリティ・タイム》」ではなくても、多くの子どもは親に十分にかまってもらうことを切望します。実際、子どもが見せる困った行動のほとんどは、親の注意を引こうとする表れです。たとえ叱られるのであっても、親にまったく構ってもらえないよりは子どもにとってましのようです。

近年、両親が共働きの家庭やシングルペアレントの家庭の増加に伴い、充実した時間《クオリティ・タイム》について頻繁に聞くようになりました。しかし、これだけ話題になっているにもかかわらず、ほとんどの子どもたちは今なお、それに飢えています。親から本当に愛されているはずの子どもでも、心のタンクが空のままということは珍しくありません。この状況を打開するにはどうしたらいいのか、わかっている人はほとんどいないようです。

充実した時間《クオリティ・タイム》とは、相手だけに集中した時間のことです。子どもに百パーセント自分の注意を向けてあげるのです。ほとんどの乳児は、授乳やおむつ替えなどを通してたくさんの充実した時間《クオリティ・タイム》を受け取ります。母親だけでなく、仕事から帰ってきた父親や、祖父母や親戚からも注意を向けてもらえます。

子どもが成長するにつれ、そのような時間を過ごすことはだんだん難しくなります。親の側が犠牲を払うことになるからです。スキンシップや肯定的なことばをかけてあげるほうが、中身の濃い時間を共に過ごすよりは簡単です。自分がやりたいこと、やる必要のあることをすべてこなすための十分な時間がある人はほとんどいません。子どもと充実した時間《クオリティ・タイム》を過ごすとは、自分の用事のいくつかをあきらめることを意味するかもしれないのです。子どもが青年期に向かう頃になると、子どもたちは親がちょうど疲れきっているとき、急いでいるとき、精神的にいっぱいになっているときに、親の時間を求めてくることが多いものです。

充実《クオリティ》した時間《・タイム》とは、親から子どもへの「存在」の贈り物です。「あなたは大切。あなたと一緒にいることは楽しい」というメッセージを伝えます。子どもは、自分が親にとって世界で一番大切な人であるように感じます。

子どもと一緒に充実《クオリティ》した時間《・タイム》を過ごすときは、身体的にも感情的にも、彼らの発達のレベルに合わせなくてはなりません。たとえば、子どもがはいはいをし始めた頃なら、子どもと一緒に親も床の上に座りましょう。歩き始めたなら、親もすぐそばに寄り添い、励ましてあげましょう。砂場デビューし、ボールけりを始めたなら、あなたもそこにいるべきです。子どもの世界が学校や、おけいこごと、スポーツ、教会、地域の行事などに広がっていくとき、あなた自身の世界も広がっていきます。しかし、子どもが成長し、特にそれぞれの子どもがさまざまな外部での活動に参加するようになると、子どもと一対一の時間を持つのは難しくなっていきます。

一緒にいること

充実《クオリティ》した時間《・タイム》で一番重要な要素は、何をするかということよりも、何かを一緒にしている、一緒にいることです。どうしてお父さんに愛されているとわかるかと聞かれたとき、七歳のネイサンはこう答えました。「だってぼくと一緒にいろんなことをしてくれるから。バスケットボールとか、洗車とか。床屋さんにも一緒に行くよ。」

充実した時間《クオリティ・タイム》を過ごすには、どこか特別な場所に行く必要はありません。子どもに気持ちを集中させることは、ほとんどどこにいてもできます。それに、子どもが喜ぶ充実した時間《クオリティ・タイム》は、自宅で、あなたと子どもが二人きりのときに持たれることがほとんどです。子どもと二人きりになる時間を見つけるのは容易ではありませんが、不可欠なことです。特に人々が「参加者」であるよりも「見物人」であることが多くなってきている現代社会において、親の注意を独占できる時間というのは、子どもにとって非常に重要なのです。

父親はいなくても大丈夫だけれど、テレビがないと困るという子どもがいる家庭は少なくありません。子どもたちが家庭の外部から受ける影響は、どんどん大きくなっており、親と個人的な時間を過ごすことによる影響をもっと強める必要があります。親の忙しいスケジュールの中から、子どもと過ごす時間を捻出するには努力がいります。しかしこの努力は、将来のあなたとあなたの家族に投資するようなものです。

それぞれの子どもと時間を過ごす

子どもが複数いるなら、それぞれの子どもと一対一で過ごす時間を作るべきです。簡単ではありませんが、可能です。十人の子どもを育てたスザンナ・ウェスレーのことを考えてみましょう。スザンナは、一週間に一時間ずつ、それぞれの子どもと時間を過ごすことにしていたそうです。サム、ジョン、チャールズという三人の息子たちは、それぞれ詩人、作家、説教者となりました。チャールズ・ウェスレーが書いた幾多もの賛美歌は、今なおキリスト教会で歌い継がれています。スザンナは子どもたちにアルファベットの読み書きや数学などを教えるだけでなく、礼儀作法や道徳的価値観、質素な暮らし方も教えました。

女性には社会進出の機会がほとんどなかった時代（一七〇〇年代の英国）で、スザンナは娘たちにもしっかりとした教育を与えました。この賢明な母親は、かつて娘のエミリアにこう言ったそうです。「社会は女性の知性には機会を与えない。[1]」エミリアは後に教師になりました。スザンナの考えを必ずしもすべて支持するわけではありませんが、彼女が家族を育てることに重きを置き、それをやり抜いたことは称賛に値するでしょう。充実した時間《クオリティ・タイム》の鍵は、親であるあなたが大切にし、家庭で実践すると決意した価値観や優先順位の中にあるのです。

愛情深く子どもと視線を合わせる

充実した時間《クオリティ・タイム》を持つときは、心地よい愛情に満ちたアイコンタクトも重要です。大切な人への心をこめたまなざしで子どもの目をのぞき込むなら、子どもの心にあなたの思いが力強く伝わるでしょう。いくつかの研究によると、子どもを叱るときや具体的な指示を与えるときなど、アイコンタクトをもっぱら否定的な形で用いる親のほうが多いそうです。

あなたが子どもを見つめるまなざしは、極力いつでも心地よく愛情に満ちたものであるべきです。子どもが何か喜ばしいことをしたときだけしかそういう視線を向けないなら、それは条件つきの愛のわなに落ち込んでいることになります。それでは子どもの人格的発達が損なわれます。子どもの心のタンクを満たすために、十分な無条件の愛を注ぎましょう。これを効果的に行うための鍵が、アイコンタクトです。

時には、家族同士で、相手に自分の不快感を示すためにあえて視線を合わせないようにすることがあります。これは残酷なことです。配偶者や子どもは、このような破壊的な仕打ちを決して忘れないでしょう。子どもは特に、目線を合わせてもらえないと自分を否定されていると解釈します。そうなると子どもの自尊心にさらなるダメージを与えます。子どもがあなたにとって喜ばしいことをしていようといまいと、いつでも変わらず子どもに愛情を示すようにしましょう。子どもの言動や状況に関係なく、何がなんでも、絶えずあなたの愛を子どもに注ぎ続けるべきです。

考えや感情を分かち合う

何かを一緒にするだけが充実した時間《クオリティ・タイム》ではありません。子どもをよりよく知るための時間でもあります。子どもと一緒に時間を過ごすと、自然と自分たちの生活にかかわるあらゆることについて分かち合うことになります。カリフォルニアにある神学校で長年教育学部の教授をしているフィル・ブリッグスは、息子と共にゴルフをすることにはうれしい副産物があると言います。「息子は無口で、一緒に定期的にゴルフをするようになるまでは、あまり私と話をしてくれませんでした。」ブリッグス家の父と息子は二人でコースを歩きながら、クラブの振り方など最初はもっぱらゴルフにまつわる話をしていましたが、そのうち、ゴルフ以外のさまざまなことがらについても話すようになったそうです。親が子どもにバスケットボールのシュートのしかたやサッカーボールのけり方、洗車のしかたなどを教えてあげるとき、そこにはもっと大切なことも話せるような雰囲気が生まれます。

充実した会話

充実した会話とは、たとえば父親が自分の若かったときの体験談を子どもに話して聞かせるなどです。お母さんとつきあっていた頃の話をし、それから道徳観念や霊的な問題について話を深めることもあるでしょう。このような「本物」の会話は、感情レベルで子どもに親の心を伝えることができます。「ぼくのお父さんはぼくを信頼してくれる。ぼくのことを大切に思ってくれる。重要な人間として見てくれる。そして愛してくれる」というメッセージを子どもに伝えるのです。母親は、娘と一緒に初めてのメガネや、発表会用のドレスの買い物をするときに、自分が若かった頃、いかに外見についていろいろな不安を抱えていたかなどを話すこともできるでしょう。このような会話は、二人の関係をより近づけ、子どもに重要な価値観（外見が自分の価値を決めるのでない、など）を伝えます。

子どもはいくつになっても、親や他の大人とのこういった深い会話を必要としています。人生とは、考えや感情を互いに分かち合うことによって織りなされているのです。このレベルでのコミュニケーションのしかたを学ぶことは、子どもたちの将来の人間関係（結婚を含む）にも役立つでしょう。そこから友情の築き方や職場の仲間とのつきあい方も学べます。自分自身の考えを深めながら、他者の考えを尊重しつつ、肯定的で思いやりのこもったやり方でそれを伝える方法も学べます。不愉快にならずに反対意見を述べるときのよい模範にもなるでしょう。

子どもはおそらく、あなたが思う以上に、親との会話から多くを吸収するものです。ですから、子どもが何歳になろうとも、子どもと健全な会話をする時間を十分に持つことはとても重要です。もしあなたが子どもに話しかけるのは注意するときだけなら、子どもは親から一心に愛を注いでもらうことの価値を決して学べません。叱ったり注意するだけでは、子どもの愛のニーズは満たされないのです。

もっと小さな子どもの場合、会話をする一番効果的な時間は就寝前でしょう。この時間の子どもは、親の話に特に興味を示します。就寝前というのは、他に邪魔になるものが少ないせいもあるでしょうし、寝るのを遅らせたいと思っているからかもしれません。理由は何であれ、子どもはあなたの話に耳を傾けやすい状況ですから、意味のある会話もずっと簡単にできるでしょう。

物語を語り聞かせることと会話

子どもはみな、お話を語ってもらうことが大好きです。本の読み聞かせは、就寝時のお決まりの儀式として最適です。ぜひそうしてください。これをしておくと、ティーンになってからも子どもとの会話が続けやすいのです。物語を読みながら、あるいは読み終わってから、登場人物やお話の出来事についてどう感じたか、少し間を取って子どもに考えさせてみましょう。そしてそれについて語り合いましょう。これはとても重要です。今日の若い人たちは、自分の行動と感情は結びついているものだと気づいていない場合が多いからです。ほとんどの子どもは自分の感情を理解できないため、自分の行動をコントロールする手段を持ちません。たとえば、登場人物が失望を経験するような物語を読みながら、子ども自身が体験したことのある失望や、それに伴う悲しみや怒りなど、適切と思われることがらについて語り合いましょう。

子どもたちと、ぜひこのような会話をしてください。残念なことに、最近の若い人たちには、自分の感情（特に怒りの感情）をどう取り扱ったらいいのかわかっていない人が圧倒的に多いのです。自分の感情についての理解の欠如が、薬物や不適切な性行動に走ったり、権威に対して反抗的な態度や行動を見せたりする一番の原因になります。

温かくて親密で、優しくてリラックスした就寝時の儀式は、多くの親のふだんの忙しい世界からかけ離れたもののように思えるでしょうか。このゴールを達成するためには、優先順位を決め、割って入ってこようとする「緊急事」に抵抗してください。緊急事に振り回されていてはいけません。長い目で見れば、今、急いでやらないといけないように思えることの大半は、さほど重要ではないのです。一方、あなたが子どものためにしてあげることは、一生涯の意味を持ちます。

充実《クオリティ・タイム》した時間を計画する

子どもの人生の最初の八年間は、比較的落ち着いた毎日だと思っていいでしょう。子どもの生活のほとんどは家庭を中心にしているからです。しかし、成長して家庭外のさまざまな活動に参加するようになってくると、家族での充実《クオリティ・タイム》した時間を確保するために努力を要するようになってきます。充実《クオリティ・タイム》した時間は、ほうっておいても自然に持てるというものではありません。では、二つほどアイディアをご紹介しましょう。

一つめは食事です。食事の時間に合わせて計画を立てるのは自然なことです。家族でそろって食事をする時間は、長い年月の間に家族の絆を深めるのに大いに役立ちます。鍋に食事を用意しておいて、みな自分が帰宅したときに個別に食べるという家族のことをよく聞きます。長年にわたって家族そろって食事をすることの温かさと価値を知っている人には、これはとんでもないことのように思えるでしょう。家族の予定を把握して、みなで食事を取れるように手配できるのは親だけです。どうしても夕食を共にできないなら、朝食を一緒にするのも一案でしょうし、月に一度、子どもたちと昼食の時間に合流するのもいいでしょう。

二つめは泊まりがけの旅行です。バーニーと息子のジェフは、三か月に一度は二人で一泊どこかに行くようにしています。たいていは家から一時間くらいの近場で、テントを張ってキャンプをします。そうやって一日半、何の邪魔も入らない二人の時間を過ごします。アリソンは、一週間に二回、十二歳の娘のブリタニーと夜に散歩に出ます。散歩に出る夜は、夫と息子が皿洗いを担当し、彼らも父と息子の時間を持ちます。

これらはあくまでアイディアです。あまり計画にこだわらなくても、自発的に自由にやってかまいません。計画を立てても、必要とあればいつでも変更できます。ただ、計画を立てなければ、子どもと一緒に過ごす時間を捻出するのは難しいということです。他の人との予定は自分のスケジュールに組み込みますね。ならば子どもとの予定もそのようにしましょう。親にとって、他の用事を断るほどに自分と過ごす時間は大切なのだと子どもがわかれば、子どもは喜びます。さらに、計画を立てることの副産物として、子どもに自分の時間を管理することも教えられます。

充実した時間《クオリティ・タイム》を計画するとは、ただあなたの予定表に一日や一時間を挿入すればいいというものではありません。共に過ごす時間を計画するとは、自分自身を整えることでもあります。仕事で忙殺されて帰宅するなら、その日のストレスを解き放ち、頭から仕事のことを追い払う必要があります。それから、家庭のことに集中します。帰宅するとき、車の中で数分静まって祈ってから家の中に入るという人を知っています。どうすれば自分をリラックスさせ、家族のために元気な気持ちになれるか、あなたも考えてみてください。子どもにあなたのエネルギーを注いであげるためです。

帰宅する前に自分自身を整えることができないなら、夫婦で考えて、帰宅直後はしばらく一人になる時間を持てるようにしてはどうでしょうか。家族の中に入っていく前に、心地よい部屋着に着替えて、飲み物でも飲んで、ちょっと裏庭に出るだけでも違うかもしれません。気持ちがリフレッシュされていればいるほど、それだけ家族にも多くを差し出すことができます。

あなたの子どもの愛の第一言語が充実した時間《クオリティ・タイム》であるなら

充実した時間《クオリティ・タイム》があなたの子どもの愛の第一言語なら、次のことは確かでしょう。親と充実した時間をたっぷり過ごし、注意を十分に自分に向けてもらえなければ、親は本当は自分を愛してくれていないのではという絶え間ない不安を覚えるのです。

アランは消防士で、四十八時間働いては二十四時間休むというスケジュールでした。仕事の日は消防署に詰め、休みの日には仲間の消防士と家のペンキ塗りのアルバイトをしていました。一方でアランの妻ヘレンは看護婦で、夜に働き、昼間は寝ていました。両親とも夜が留守になるときは、おばあちゃんが来て八歳のジョナサンと六歳のデボラと一緒に過ごしてくれました。

ジョナサンはそのうち、親によそよそしい態度をとるようになり、アランとヘレンは心配になりました。ヘレンは後に友人に「ジョナサンと会話をしようとしても、反応しないのよ。小さいときはおしゃべりだったのに」と打ち明けました。

ヘレンはさらに言いました。「学校に上がる前は、私はまだいつも家にいて、毎日午後になると一緒に公園に行ったものだったわ。ジョナサンはずっとおしゃべりして、それはそれは活発だったのよ。でも今ではすっかり変わってしまって、どこか悪いところでもあるのかしら。アランは、もともとあまりジョナサンと一緒に過ごしていなかったので、私ほどには彼の変化に気づいていないけれど、私の目にははっきりわかるの。」

ヘレンの友人のロージーは、『愛を伝える5つの方法』を読んでいて、その中に子どもに関する章があるのを思い出しました。そこでロージーは、ジョナサンのことでも役に立つかもしれないからとヘレンに本を渡しました。二週間後、ヘレンはロージーに言いました。「本を読んで、ジョナサンの愛の第一言語が何なのか、わかった気がするわ。思えば、以前のジョナサンは私と一緒に過ごす時間が大好きで、よくおしゃべりして、元気いっぱいだった。それが学校に上がって、私が仕事を始めてからは、すっかり変わってしまったの。この二年間、あの子はずっと愛情に飢えていたのかもしれない。物理的に必要なものはすべて与えてきたけれど、あの子の心のニーズには十分に応えていなかったのね。」

ヘレンとロージーは、どうすればジョナサンとの充実した時間《クオリティ・タイム》を予定に組み込めるか話し合いました。ヘレンの融通のきく時間帯は午後や夕方が多かったので、もっぱらその時間には家事や買い物をしたり、女友達と出かけたり、ごくたまにはアランと出かけていました。ジョナサンの宿題を見てあげるのもこの時間でした。考えた末、一週間に二回、一時間ずつなら、ジョナサンと二人きりで過ごす時間を捻出できるという結論に至りました。「以前二人で行っていた公園に行ってもいいかもしれない。私にとっても、あの頃の楽しかった思い出がよみがえるかもしれないし。」

三週間後、ヘレンはロージーに言いました。「順調にいってるわ。あれ以来、週に二回一時間ずつジョナサンと一緒に過ごすようにしたら、あの子の私への反応のしかたに、明らかな変化が出てきたの。最初に公園に誘ったときは、あまり乗り気じゃなかったけど、とにかく連れていったら、最後には以前のようなジョナサンの姿が戻ってきたのよ。一週間に一回は公園に行って、もう一回はアイスクリーム屋さんに行くことにしたの。ジョナサンはまたよくしゃべるようになってきたし、もう一度心を開き始めているのがわかるわ。」

ヘレンはさらにこうつけ加えました。「ところで、アランにもこの本を読んでもらうように言ったのよ。夫婦の間でも、お互いの愛の言語を学ぶ必要があるんじゃないかと思って。アランは私の愛の言語をわかってないし、私も彼のをわかっていないみたいだから。それに、アランにもジョナサンと一緒に時間を過ごすことがどれだけ大切か、気づいてほしいの。」

子どもたちの声

以下にご紹介する子どもたちのことばからは、充実した時間《クオリティ・タイム》が彼らの愛の第一言語であることがはっきりとわかります。

ベサニー（八歳　いつも目をきらめかせている）「私のパパとママは私を愛してくれているの。だって、いつも私と一緒にいろんなことをしてくれるから。時には家族全員で何かをすることもあるよ。弟も一緒にね。でも、たいていは二人とも、私とだけ一緒に何かをしてくれるの。」（どんなことを一緒にするのかと聞かれ）「パパは先週、魚釣りに連れていってくれたわ。魚釣りはそんなにおもしろくなかったけど、パパと一緒にいるのは大好き。誕生日の次の日には、ママと二人で動物園に行ったの。私のお気に入りはお猿の家。猿がバナナを食べるところがおもしろかった！」

ジェレミー（十二歳）「ぼくがお父さんに愛されているってわかるのは、お父さんがいつもぼくと一緒に何かをしてくれるから。いろんなことを二人でやるんだよ。お父さんはアメフトの試合のシーズンパスを持っていて、毎回必ず二人で行くんだ。お母さんもぼくを愛してくれてるってわかってるけど、お母さんとはあまり一緒に時間を過ごすことはないなあ。お母さんは、疲れていることが多いから。」

フランキー（十歳）「ママはぼくのことを愛しているんだ。いつもぼくのサッカーの試合を見に来てくれるし、試合の後はご飯を食べに出かけるんだよ。パパがぼくのことを愛しているかはわからない。愛してるって言ってたけど、ぼくたちを置いて出ていってしまったんだ。それ以来、会ってないよ。」

ミンディー（十六歳）「どうして両親が私を愛しているってわかるかって？　いつも私のためにそばにいてくれるから、かしら。両親とはどんなことでも話せます。両親は私を理解してくれようとするし、私が賢い選択ができるように、いつも助けてくれるんです。あと二年で私は大学に行きますが、お父さんとお母さんがそばにいなくなったら寂しいだろうな。それでも、必要なときにはいつでもそばにいてくれるとわかっていますが。」

どんな子どももそうですが、親と共に時間を過ごすことを切望する子どもたちにとって、愛されている確信を得るためには、親から一心に注意を向けられることが不可欠です。親子で共に過ごすとき、生涯残る思い出を作っているのです。子どもには、幼少時から家庭で培われた思い出を持たせてあげたいものです。心のタンクが満タンなら、思い出も健全で励ましに満ちたものとなります。親として、あなたにはそれを与えることができます。そして、子どもたちがバランスと安定と幸福のある一生を送るよう、助けてあげられるのです。

注

1 Sandy Dengler, *Susanna Wesley* (Chicago: Moody, 1987), 171.

あなたの子どもの愛の第一言語が充実《クオリティ》した時間《タイム》であるなら……

特に親のためのアイディアを以下にご紹介します。あなたの子どもが喜びそうなことをいくつか選んで試してみてください。

・日々の雑用が終わってから子どもと時間を過ごすのでなく、洗濯、食料品の買い物、皿洗いなど、子どもと一緒にやってみる。一人でやるより時間がかかるかもしれないが、子どもと一緒に何かをする時間は、不便さをしのぐ祝福となるだろう。

・子どもが何か大切なことをあなたに言おうとしているときは、家事や仕事の手を止めて、子どもの目を見ながら話を聞いてあげる。
・クッキーやブラウニーなど、子どもと一緒におやつを作る。
・何かおもしろいことを見つけ、子どもと一緒に思いきり笑う。
・年上の子どもに使い捨てのカメラを渡し、重要な出来事のときに記録写真を撮らせる。
・小さな子どもがあなたに何かを見せようとしているときは、子どもの目線の位置までしゃがんだり、子どもを腕の中に抱き寄せる。
・子どもにどんなところに行ってみたいか、なぜ行ってみたいのかを聞く。そして時々、行く場所を子どもに選ばせたり、子どもが行きたいと常々思っている場所に行くよう計画を立てる。
・おやつを子どもに食べさせるだけでなく、自分も子どもと一緒に座って食べる。そして子どもたちがどんな一日を過ごしたか、食べながら聞いてみる。
・子どもの好きなテレビ番組を一緒に見る。
・子どもとおもちゃ屋に行き、おもしろそうなおもちゃで遊ぶ。ただし、買いはしない。
・学校が始まる前に、子どもと二人で手軽な朝食を食べに行ったり、学校帰りにちょっとアイスクリーム屋などに立ち寄ってみたりする。

・その日の出来事について、一言では返事ができないような具体的な質問を子どもにする。
・小さい子どもを公園などに連れていくとき、ただベンチに座って見ているだけでなく、実際に遊具で子どもと一緒に遊ぶ。ブランコを押してあげたり、一緒に滑り台を滑ることは、子どもにとって一生の思い出になるし、よい愛情表現にもなる。
・テレビを見る代わりに、一緒に歌を歌ったり、絵を描いたりする。
・子ども一人一人と、「デート」の時間を持つ。カレンダーに書き込み、他の用事を入れないようにする。
・子どもに内緒で特別な場所に行く計画を立て、驚かせる。キャンプ、バスケットボールの試合、ショッピングセンターに行くなどすれば、よい思い出になる。写真も撮れば、一層心に残るだろう。
・可能なら、子どもを一日職場に同伴させる。子どもを同僚に紹介し、一緒に昼食を取る。
・子どもといつも一緒に出かける「お決まりの場所」を作る。お気に入りのアイスクリーム屋や公園など。
・家の中に特別な遊び場所を確保する。押し入れは「お城」に、ガレージは大工仕事の「作業場」になる。
・庭にテントを張るだけでよいので、子どもと二人でキャンプをする。懐中電灯やキャンプ用の食品を用意し、いかにも本物のキャンプのようにする。
・家族で休暇を取る時は、親と子が別々に過ごす時間だけでなく、家族全員で何かをする時間も持つようにする。
・時折、家族で散歩に行ったり自転車に乗ったりする。運動になるような活動を一緒にできないか考える。
・家族で一緒に食事をする回数を増やす。多くの家族は、全員でそろって食事をすることがとても少ないか、あるいはテレビを見ながら食事をするが、食事の時間を家族で会話するための特別な機会と見なすようにする。食前に家族で祈ることもこの時間を一層意味のあるものにする。
・子どもを寝かしつけるとき、すぐに寝かしつけるのでなく、しばらくおしゃべりをするようにする。絵本の読み聞かせや、一日のことについて話す、一緒に祈る、など。それを子どもの一日の流れの中に組み込む。
・もう少し大きな子どもとは、宿題を手伝うことで一緒に時間を過ごす。子どもの成績の助けにもなるし、充実した時間《クオリティ・タイム》にもなる。
・植物を一緒に植える。外遊びがあまり好きでない子どもにとっては、一緒に野菜を植えたり、花壇を見たり、庭の草抜きなどをすることは、親子のよい思い出になる。

・一緒にフォトアルバムを作る。実際のアルバムでもいいし、パソコン上のアルバムでもよい。アルバムを作りながら、そのときの思い出話をする。

・雨の日には、子どもが幼い頃のアルバムを一緒に見る。写真を見ながら、そのときの楽しかったことや気持ちを語り合う。

第5章　愛の言語その4　贈り物

十歳のレイチェルに、「どうしてお父さんとお母さんが自分のことを愛しているとそんなにはっきりわかるの？」と聞くと、次のような答えが返ってきました。「私の部屋に来たら見せてあげる。」レイチェルは自分の部屋に行くと、大きなくまのぬいぐるみを見せてくれました。「カリフォルニアのお土産なの。」それから、ふわふわのぬいぐるみのピエロを指さしながら言いました。「これは、私が小学校一年生になったときに買ってくれたの。こっちの絹のサルは、パパとママが結婚記念でハワイに行ったときのお土産。」レイチェルは、この数年の間に両親に買ってもらったさまざまなものを見せてくれながら部屋をひと回りしました。それらはすべて、両親の愛の証《あかし》として特別な場所に飾られていました。

贈り物は、力強い愛情表現の手段になりえます。それが贈られたときだけでなく、後々まで心に残ることもよくあります。とても意味のある贈り物は愛の象徴となり、真に愛を伝える贈り物は、重要な愛の言語となります。しかし、親がこの愛の言語を心から語るためには、子どもが親は純粋に自分のことを大切に思ってくれているのだと感じなければなりません。そのためには、贈り物と一緒に他の愛の言語も語るべきです。贈り物が心からの愛情表現として受け取られるためには、子どもの心のタンクが満たされている必要があるのです。つまり、贈り物をするときには、スキンシップ、肯定的なことば、充実した時間《クオリティ・タイム》、何かをしてあげることも、同時に組み合わせるのです。

ジュリーは贈り物という愛の言語がいかに二人の娘たち（六歳のマロリーと八歳のメレディス）をよりよく理解する助けになっているか、語ってくれました。「夫と私はよく出張があり、その間娘たちはおばあちゃんと一緒に過ごします。出張先で私は娘たちによくお土産を買います。お土産を見ると、メレディスはいつもマロリーよりもずっと喜びます。家に帰ってくると、しきりにお土産の話をするのです。お土産を取り出すと興奮して跳びはねて、包みを開けながら歓声をあげます。そして自分の部屋のよく見える場所にそれを飾ります。友達が遊びに来ると、最新のお土産を見せています。」

メレディスとは対照的に、マロリーはお土産をもらうと礼儀正しくお礼を言いますが、お土産そのものよりも、お母さんたちの旅行についての話を聞きたがります。ジュリーは言います。

「マロリーは、旅行中のことについて微に入り細に入り聞きたがるのです。主人に聞き、私に聞き、それから二人に聞き、私たちが語ったことすべてを飲み干すように聞きます。一方メレディスは、私たちがどこで何をしてきたかなど、ほとんど気にしません。」

娘たちの反応の違いについて洞察を得て、これからはどうしますかと聞くと、ジュリーはこう言いました。「お土産は、これからも二人に買ってくると思います。そうしてあげたいので。でも、マロリーがメレディスほど喜んでくれなくても、もうそのことでがっかりしません。これまでは、マロリーはちっとも喜んでくれないのがとても気になっていたのですが、今では、マロリーにとっては、私たちの旅の話を聞くことが、メレディスにとってのお土産と同じなのだとわかったので、もう大丈夫です。夫も私も、出張から帰ってきたときや、それ以外のときでも、いつもマロリーともっと充実した時間《クオリティ・タイム》を過ごしてあげようと思います。そして、マロリーには贈り物のことばを、メレディスには充実した時間《クオリティ・タイム》のことばを、教えてあげたいと思います。」

与えることの恵み

愛情表現としての贈り物の贈答は、万国共通です。英語の「ギフト」ということばは、ギリシャ語で「恵み、受けるに値しない贈り物」を意味する「カリス」からきました。この背後にある考えは、もしそれが与えてしかるべきものであるなら、それは贈り物ではなく「支払い」になるということです。本物の贈り物は、自分に対してなされた奉仕への支払いではありません。その人に対する愛情の表現であり、与える人が自由に与えるものです。私たちの社会では、与えることは必ずしも誠実な行為ではありません。特にビジネスの世界ではそうです。贈り物のほとんどは、特定の会社と取引をしてくれたことに対する返礼のようなものです。あるいは、将来何か取引してもらうことへの期待をこめた賄賂《わいろ》かもしれません。ただ受け取る人の益のために贈るのではなく、経済的貢献をしてくれたことへの謝礼であり、さらなる貢献のリクエストなのです。

同じ区別は、親が子どもに贈り物をするときでも必要でしょう。子どもが部屋を片づけたときに贈り物をするなら、それは本当の贈り物ではなく、なされた働きに対する支払いです。もしこれから三十分間テレビを見ていてくれるならアイスクリームをあげる、と親が約束するなら、それは贈り物ではなく、子どもの行動を操作するための賄賂です。子どもは返礼とか賄賂といったことばを知らないかもしれませんが、概念は理解するでしょう。

時には、子どもに真の贈り物を与えたいと心から願っている親が、子どもの深い愛情への渇望に気づかず、混乱するようなメッセージを発信してしまうことがあります。実際、自分が真に愛されていると感じていない子どもは、贈り物の意味を簡単に誤解します。条件のもとで与えられたと思うのです。子どもとの関係がうまくいっていなくて強いストレスを感じていた母親が、あるとき息子に新しい野球のボールを買ってあげました。ところが、後からそれがトイレに捨てられているのが見つかりました。

「ジェイソン、どうしてボールがここにあるの？　気に入らなかったの？」

「ごめんなさい。」息子はそれだけしか言いませんでした。

次の日、そのボールがゴミ箱に捨てられているのを母親は発見しました。もう一度息子に聞きましたが、息子はうつむいて、「ごめんなさい」と言うだけでした。

その後、母親はジェイソンの心のタンクを満タンにしておくことに集中するよう学びました。特に寝る前にはそうしました。やがて、息子に変化が表れてきました。数週間後、ジェイソンに野球のバットを買ってあげました。今度はジェイソンは母親に抱きつき、にっこり笑って言いました。「ありがとう、ママ！」

ジェイソンは、心のタンクが空っぽの従順な子どもの典型例です。こういう子どもは、自分の痛みや必要をめったに外に出しません。むしろ、自分の感情を間接的に表現します。贈り物を捨てたり無視したりするのは、このタイプの子どもが心に飢え渇きを覚えているときにありがちな反応です。

贈り物を最大限に活用する

与えることの恵みは、贈り物の値段や大きさとは関係ありません。愛の問題です。大恐慌の最中のクリスマスのプレゼントは、オレンジ一つと必要な衣類一枚だけだったという話を、あなたもおじいさんから聞いたことがあるかもしれませんね。今日、親である私たちは、必需品は子どものために用意すべきものであり、贈り物と見なすことはまずありません。しかし、必需品であっても、子どもたちのためを思って愛をこめて与えます。そのような贈り物を大切にしましょう。贈り物を愛の表現として渡すのでなければ、子どもたちはそれを「もらって当然のもの」として受け止め、その背後にある親の愛に気づかなくなってしまうかもしれません。

日用品の贈り物を愛情の表現にするために、こうしてはどうでしょうか。新しい通学服をきれいに包み、みなが食卓を囲む夕食のときに渡すのです。プレゼントの包みを開けるというのは、子どもにとってわくわくするものです。それに、必需品であれ贅沢《ぜいたく》品であれ、すべての贈り物はあなたから子どもへの愛の証であることを示すことができます。このように、あらゆる種類の贈り物を大切にすることは、贈り物をしてくれる人にどのように応対すべきかを子どもに教えることにもなります。大きなものであろうと小さなものであろうと、恵みをもって贈り物をするとき、受け取る側にも恵みをもって応答してもらいたいものです。

ここで、おもちゃを贈り物として買い与えることについて一つ注意があります。おもちゃ屋で贈り物を選ぶときは、本当に知恵が必要です。売っているおもちゃの膨大な数を考えるだけでも、どれだけ厳選する必要があるかがわかります。膨大な数があるのに加え、子どもたちの前には最新のおもちゃのテレビコマーシャルが次から次へと流されています。つまり、六十秒前には存在していなかったし、次の日にはなくなっているであろう願望が、子どもたちの心に刻一刻と生み出されているのです。それでも、テレビで見たおもちゃはどうしても欲しい必需品であるかのように感じられます。

あなたが子どものために購入するものを、テレビの広告主に決めさせないでください。おもちゃをよく調べ、「このおもちゃは子どもにどういうメッセージを伝えるだろうか。これで遊ぶことで何を学ぶだろうか。このおもちゃが持つ全体的な効果はよいものだろうか、それとも好ましくないものだろうか。このおもちゃは頑丈だろうか。どれくらい長持ちするだろうか。すぐに飽きてしまわないだろうか、それとも長い間頻繁にこれで遊ぶだろうか。これは私たちの予算内だろうか」といったことを自問してください。あなたの予算を超えるようなおもちゃは、決して買ってはいけません。

買い与えるおもちゃのすべてが教育的である必要はありません。しかし、子どもにとって何らかのよい目的があるべきです。あなたの家庭の価値観からかけ離れた影響を与えかねないようなハイテクのおもちゃには気をつけてください。そういう影響は、テレビや学校の友達や身近なところから、嫌というほど入ってくるものです。

ゆがんだ贈り物

気をつけてください。子どもにたくさんの贈り物をすることで、他の愛の言語を用いる代用にしたくなる誘惑がよくあります。さまざまな理由で、親は自らを子どもに与える代わりに、品物を与えて済ましてしまうことがあるのです。機能不全の家庭で育った人の中には、品物をあげるほうが感情的に子どもとかかわるより簡単に思える人がいます。子どもたちが真に必要としているものを知ろうとするだけの時間も忍耐も知識も持たない人もいます。こういう人たちも本当に子どもを愛しているのですが、子どもに必要な感情的安定や適切な自尊心をどうやって育んであげたらいいのか、わからないのです。

物にあふれ、いつも追い立てられているような私たちの社会では、父親が子どもの起床前にはすでに出勤している家庭が珍しくなく、母親の半数以上は外で働いています。そのような状況で、親には家族と十分時間を過ごせていないことに関して大変な罪悪感があります。子どもと個人的に時間を費やしてかかわれないことの埋め合わせとして、多くの親は子どもに品物を買い与えすぎます。このような親は、自分の手には負えなくなっているライフスタイルへの万能薬として、贈り物を利用しようとしているのです。

こういった贈り物の乱用は、親の離婚や別居に伴って子どもが親権を持つ保護者と暮らしている場合には特によく見られます。親権を持たない親は、子どもに次から次へと贈り物をしたくなります。おそらく子どもと離れて暮らしている痛みからか、あるいは家族を置いて出ていったことへの罪悪感からでしょうか。これらの贈り物が過度に高価なものであったり、子どもには不適切なものであったり、もう一方の親権を持った親と張り合っているなら、もはや純粋な贈り物ではなく、一種の賄賂になってしまいます。子どもの愛を品物で釣ろうとする試みです。無意識のうちに、親権を持った親への当てつけとなっている場合もあるでしょう。

そういったゆがんだ意図のある贈り物をもらっていると、子どももやがて、せっかくの贈り物もその意図のとおりのものとして見るようになるかもしれません。同時に、少なくとも片方の親は愛の代用品として贈り物を利用していることに気づくでしょう。そうなると、子どもは物質主義に染まり、贈り物を巧妙に利用するようになりかねません。不純な動機をもって贈り物をすることで、人々の感情や行動を操作することを学んでしまうのです。贈り物がこのように用いられるなら、子どもの人格と品性に悲劇的な結果をもたらします。

女手一つで三人の子どもを育てていたスーザンのことを思い出します。スーザンは三年前にチャールズと離婚しました。チャールズはその後再婚し、贅沢な暮らしをしています。スーザンと子どもたちは経済的に苦しく、子どもたちは父親を訪問するのをいつも楽しみにしていました。リサ、チャーリー、アニーの三人の子どもたち（それぞれ十五歳、十二歳、十歳）は、一か月に二度、週末を父親と過ごします。父親は子どもたちをスキーやクルーズなど高価な旅行に連れていきます。子どもたちが父親を訪問したがるのは無理もありません。楽しいに決まっているのですから。そして最近では、家にいると退屈だとしきりに不平を言うようになってきました。たくさんの贅沢な贈り物を持って帰宅すると、子どもたちは母親に激しい怒りを表すようになりました。戻ってきて最初の数日は特にそうです。父親は子どもたちの愛を勝ち取りたいがばかりに、子どもたちが母親を悪く思うようにしむけていたのです。しかし、そんなことをしていたら、やがて子どもたちが大人になったとき、今度は自分たちを操作した父親のことをさげすむようになるだろうとは気づいていません。

スーザンはチャールズに一緒にカウンセリングを受けるよう頼み、幸いにもチャールズはそれを受け入れました。そして、子どもたちともっと健全につきあう方法を学ぶことになりました。まず、過去の争いと怒りをわきに置き、子どもたちの感情的ニーズを満たすために協力し合うことに専念しました。そして、カウンセリングを通して、二人は子どもの愛のタンクを満たすすべを学びました。チャールズが五つの愛の言語を使うことを学び、贈り物を子どもの感情を操作する手段としてではなく、純粋な愛情表現として用いるようになったとき、子どもたちは見事に変わっていきました。離婚した夫婦が子どもたちの益のためにこのように協力し合うのはまだ珍しいですが、そのようにする親たちも増えつつあります。

贈り物のもう一つの乱用は、子どもにいろいろな形で愛情表現をしている親が、それにもかかわらず大量のおもちゃなどを子どもに買い与えることです。そのような子どもの部屋は、まるで散らかったおもちゃ屋のようです。ここまで過剰に買い与えると、贈り物はもはや特別な意味を持たなくなってしまいます。子どもが実際に遊べる以上のおもちゃに囲まれているのです。やがて、これらの贈り物はどれも何の意味も持たなくなり、子どもは贈り物を受け取ることに感情的に無感覚になります。親は、見た目だけでもおもちゃを整理しておくように言うため、子どもにとってはせっかくのおもちゃも負担になってしまいます。

子どもに過剰に贈り物を与えることは、おもちゃ屋に連れていって「これは全部あなたのものよ」と言うようなものです。子どもは最初は喜ぶかもしれませんが、しばらくすると、すべてに興味を失います。おもちゃを適切に与えるなら、子どもが集中力を養う助けになります。そのためには、親や親戚は、より多くを与えるのでなく、より少なめに与えるようにすべきでしょう。子どもを一時的に興奮させるような贈り物でなく、子どもにとって意味のある贈り物となるよう、注意深く選びましょう。

意味のある贈り物

子どもに贈り物をするときは、頭の中でいくらかのガイドラインを設定しておくようにしましょう。贈り物は純粋な愛の表現であるべきです。なされたことに対する支払いや賄賂として与えられるなら、それはもはや贈り物ではなく、支払いまたは賄賂として認められなければなりません。そうすれば、子どもの益のために愛情表現として選ばれた真の贈り物は、まさにそういうものとして子どもに楽しんでもらうことができます。

クリスマスや誕生日を除いては、贈り物の多くは親と子どもが一緒に選ぶべきでしょう。子どもの成長にしたがい、衣類や靴やかばんなどに対して自分の好みや意見を持つようになってくると特にそうです。子どもは必需品以外の物を欲しがることもあるでしょう。欲しがるものをすべて与えはしませんが、彼らの好みは尊重すべきです。そのためには、子どもが欲しているものが一時的なものか長持ちするものなのか、健全なものか不健全なものか、それが子どもによい影響を与えるのか好ましくない影響を与えるのかを見分ける必要があります。可能な限り、子どもが本当に欲しがっている贈り物を選択するのが賢明です。

そして、購入するものだけが贈り物ではないことも覚えておいてください。曲がりくねった小道を散歩しているときや、駐車場を通り過ぎるときにも、特別な贈り物を見つけるかもしれません。美しい野生の植物、珍しい小石、流木ですら、包み紙に包んだり創造的な方法で渡すなら、立派なプレゼントになります。家にあるもので工作することもできます。小さな子どもたちはお金の概念を持たないので、購入されたものであろうと手作りであろうと関係ありません。子どもたちの創造性を刺激するのであれば、それは意味のある贈り物であり、親子の関係を愛でますます強く結びつけることができるでしょう。

エイミーの指輪

贈り物をもらってもそれほど喜ばなかった子どもが、後になってそれをもっと大切にするようになることもあると、先にお話ししました。テッドは、娘に自分があげたプレゼントを拒絶されてから何年も経ち、まさにそのようなことを経験しました。テッドは海外旅行中に十二歳の娘エイミーのために指輪を買い、家に帰ってからそれを渡しました。しかしエイミーはほとんど関心を示さず、すぐに引き出しにほうり込んでしまいました。

テッドはがっかりしましたが、そのうち指輪のことは忘れてしまいました。ティーンの頃のエイミーは、青年期にありがちな行動で親を非常に悲しませていました。テッドはエイミーの将来に絶望してしまうほどでした。エイミーの態度や行動が劇的に改善されたあとですら、テッドには本当にエイミーがまともな大人になれるとは思えませんでした。テッドはエイミーの誠意を疑い、二人にとって真に必要とされていた親密な親子関係は損なわれていました。

そんなある日、テッドは自分が何年も前にあげた指輪をエイミーがしていることに気づきました。その指輪をあげた頃のエイミーは、まだ今のような問題がありませんでした。エイミーはその指輪を身に着けることで、自分は変わったのだ、信頼しても大丈夫なのだと父に言おうとしているのだとテッドは気づきました。そう思ったら涙があふれました。

テッドが、それがエイミーの言わんとしていることなのかと確認したとき、エイミーはそのとおりだと言いました。自分は今や成長し、変わったのだから、どうか信頼してほしいと答えました。二人は共に泣きました。エイミーはその後もはや道を外すことはありませんでした。

この話は、贈り物がいかに象徴的に重要な意味を持ちうるかということを示唆します。おそらく、親がエイミーの心のタンクを満たし続けていれば、そもそもそんなにも深い問題を青年期に持つことはなかったでしょう。エイミーが贈り物を受け取って、親の気持ちを理解して感謝できるためには、まず彼女の心のタンクが満たされている必要があったのです。

あなたの子どもの愛の第一言語が贈り物であるなら

たいていの子どもは贈り物をもらえば喜びますが、他の何よりも贈り物をもらうことで一番愛情を感じる子どももいます。子どもがいつも何かを欲しがっていることを思えば、どんな子どもだってそうに決まっているとあなたは思うかもしれませんね。確かにどんな子どもでも（そして大人でも）、もっと欲しいと思っています。しかし、贈り物をもらうことが愛の第一言語である人たちは、他の人たちとは違う反応をするのです。

贈り物を愛の第一言語とする子どもは、贈り物のもらい方にこだわりを見せます。きちんと包み紙にくるまれているか、もしくは少なくとも独特で創造的な方法で渡してもらうことを願います。その子どもにとって、贈り物そのものだけでなく、贈り物をどう渡されるかまでが愛情表現だからです。包み紙を眺め、リボンがかわいいと言って喜ぶかもしれません。贈り物を開けながら、あたかもそれが宝物であるようにうれしそうなため息をついたり歓声をあげたりします。彼らにとってはまさにそのとおりだからです。贈り物の包みを開けるとき、彼らはとても特別に感じます。そしてあなたにはそれをずっと見ていてほしいと思うのです。忘れないでください。こういう子どもにとって、これが一番愛情を深く感じるのです。彼らにとって、贈り物はあなたとあなたの愛の延長線です。この瞬間を、あなたと共に分かち合いたいのです。いったん贈り物を開けたら、あなたに抱きつき、何度も礼を言うでしょう。

こういう子どもたちは、自分の部屋に特別な場所をつくって新しい贈り物を得意そうに陳列します。友達にも見せ、あなたにも次の数日は何度も何度も見せるでしょう。自分がその贈り物をいかに気に入ったか、うれしそうに話すでしょう。それは彼らにとってあなたからの愛の証なので、彼らの心の中に特別なものとして納められるのです。その贈り物を見るとき、自分が愛されていることを思い出します。それが購入されたものか、手作りか、見つけたものかは関係ありません。自分が欲しかったものかどうかも関係ありません。あなたが私のためにそれを用意してくれたということが、彼らには大切なのです。

子どもたちの声

以下に紹介する子どもたちの声は、彼らにとって贈り物がいかに愛のしるしであるかをよく表しています。

フランキー（五歳　幼稚園に入って二日めに、おばあちゃんと話しながら）「ぼくの先生はぼくのことが大好きなんだよ。見て、こんなものをくれたんだ。」そして彼は目盛りのついたきれいな青い定規を持ち上げてみせます。これは彼にとって、先生からの愛の証です。

リサ（六歳　年配の紳士を指さしながら）「ラブおじさんを知ってる？　あそこにいる人よ。あのおじさんは、子どもたちみんなにガムをくれるの。」その男性はガムをくれるので、リサにとっては「ラブおじさん」なのです。

ミッシェル（十五歳　どうして親に愛されていることがわかるのかと聞かれ、ためらうことなく自分のブラウスとスカートと靴を指さしながら）「私の持ち物はすべて、お父さんとお母さんがくれました。私の心の中では、それが愛です。両親は私に必要なものだけでなく、それ以上のものを与えてくれました。親に買ってもらえない友達には、私が持っているものを分け合うこともあります。」

クリス（十八歳　あと数週間で大学に入学。〇から十で評価するとき、親にどれくらい愛されていると感じるかと聞かれて、ただちに）「十ですね。この車を見てください。」（赤いホンダの車を指さしながら）「ぼくの両親が買ってくれたんです。ぼくは高校生の頃、ベストを尽くしたわけではなかったので、本当ならこんないい物を買ってもらえるはずはなかったのに、それでも両親は、ぼくのことを誇りに思っていることを知ってほしいと言って、これを買ってくれたんです。この車は親からの愛のしるしです。ぼくがすべきことは、オイル交換とその他のメンテナンスをするだけです。ぼくの両親は、いつでもこうやってぼくを愛してくれました。

ぼくが必要としていたものは、両親がすべて用意してくれました。高校時代に使ったスポーツの用具も、洋服も、全部です。こんなに惜しみなく与えてくれる人はいないと思います。両親の愛を利用しないようにしていましたが、本当に愛されているんだなあと感じます。これからぼくは大学に進学しますが、きっと両親が恋しくなると思います。」

こういう子どもたちにとって、贈り物は単なる品物以上のものです。愛を表す目に見える証です。そのため、もしも贈り物がなくなったり壊れたりしたら、子どもはひどく嘆きます。もし、その贈り物をあげた親がそれを取り上げたり壊したりしようものなら、あるいは怒りに任せて「こんなものあげなければよかった！」と言おうものなら、子どもは感情的に深く傷つくでしょう。否定的な調子で語られる愛のことばに、子どもの心はひどく痛むのです。

子どもは、心の愛のタンクが満タンでないと、自分の可能性を十分に発揮することができなくなります。あなたの子どもは、あなたが彼らの心のタンクを満たそうとしてどれだけ与えているのか、今は気づかないかもしれません。しかし大人になって振り返るときに、あなたの愛と存在こそが、彼らにとって一番の贈り物であったことにきっと気づくでしょう。

あなたの子どもの愛の第一言語が贈り物であるなら……

特に親のためのアイディアを以下にご紹介します。あなたの子どもが喜びそうなことをいくつか選んで試してみてください。

・それほど高価ではないちょっとしたプレゼントをいくつか用意しておく。そして必要なときに、一つずつ出してきて子どもに渡す。
・子どもの興味に合ったプレゼントを選ぶ。
・外出中に子どもに差し出せる「おやつ」として、スナックやキャンディなどを持ち歩く。
・子どもの好物の食事を用意したり、特別なレストランに行ったり、子どもの好きなデザートを作る。
・ちょっとした贈り物を包むのに役立ちそうな、変わったギフトボックスや包み紙を集める。
・子どもに手作りのクーポン券をあげる。スパゲティーの日とか、寝る前に三十分ふだんより多く親と過ごすとか、次に一緒に買い物に行くときにちょっとしたものを買ってもらえる、などというような。

・ささやかで高価ではないプレゼントがたくさん入った「ギフトバッグ」を用意して、子どもが何か好ましいことをしたときには、報酬としてそこから何か好きなものを選ばせる。
・おやつを特別なお皿に盛って出して、ふだんとは違ったものにする。
・子どもの名前が印刷してある文具やバッジなどを見つけるたびに買い集めておく。雨の日や子どもに悲しいことがあった日など、元気づけるためのギフトにする。
・子どもに「歌」をプレゼントする。自作のものでもいいし、子どもを思い出させるような特別な歌をあなたが選んでもよい。
・宝探しゲームをする。手作りの地図とヒントも用意し、最後には何か特別なギフトに到達するようにする。
・子どものお弁当箱に小さなプレゼントを入れる。
・出張などで数日留守になるときに、あなたがいかに子どもを愛しているかを伝えるような手紙と小さなプレゼントを、一日一つずつ用意しておく。
・誕生日に高価なプレゼントを買うことでお金を使うのでなく、ちょっと変わった場所で誕生日パーティーを開く。
・長期間にわたって楽しめるような贈り物を考える。たとえば木を一緒に植えるとか、今後も一緒に遊べるボードゲームなどのような。

・手作りでも購入したものでも、指輪やネックレスを親の特別な愛をこめて贈る。
・小さな子どもに、野草やきれいな小石などの「自然のギフト」をきれいな包み紙に包んだり、箱に入れたりしてあげる。
・誕生日やクリスマスに、子どもと一緒にプレゼントの買い物をし、子どもの意見を尊重する。贈り物そのものに加え、それを選ぶ段階に自分も加わったことで、一層意味のある贈り物になる。
・特別な贈り物をするときに、そのプレゼントを渡す日まで、一日ずつ「カウントダウン」をする。毎日プレゼントについてのヒントを少しずつ出したり、「あと四日でプレゼントの日！」などと書いたメモを用意し、その日が来るまで期待を大いに高めさせる。
・何かがうまくできたときにそれを記録する表と楽しいシールを用意する。決めておいた数のシールがたまったら、子どもにプレゼントを渡す。

第6章　愛の言語その5　尽くす行為

ジェレミーは初めてフルタイムの仕事に就職し、次の夏には結婚を予定しています。彼は子どもの頃のことについて、このように思い出して語ってくれました。「両親に一番愛されていると感じたのは、私が何をするにも両親が一生懸命助けてくれたことだと思います。母は外で働いていましたが、それでも毎日食事の支度をしてくれたこと、また十六歳のときにぽんこつの中古車を買って、それを修理するのを父が手伝ってくれたことなどを思い出します。」

この二十四歳の青年は、さらに回想して言いました。「ささやかなことも大きなことも、とにかく両親は私のためにあらゆる面で援助を惜しまずにいてくれました。今となって、当時よりもそのありがたみがよくわかります。しかし当時でさえも、両親が私を助けるために一生懸命だったことはわかりました。そしていつもそのことを感謝していました。私に子どもができたら、同じようにしてあげたいと思います。」

「何かをしてあげること」すなわち「尽くす行為」が愛の第一言語だという人たちがいます。たとえこれがあなたの子どもの愛の第一言語ではないとしても、次のことは覚えておいてください。育児とは、奉仕すること、つまり何かをしてあげることを中心とした働きです。あなたに子どもが生まれるとわかったその日から、あなたはフルタイムの奉仕に登録したのです。あなたの契約は最低でも十八年間、さらにその後数年間はいつお呼びがかかってもいい状態でなければなりません。

あなたもすでに気づいているかもしれませんが、親として子どものために何かをしてあげるとは、身体的にも精神的にも厳しい仕事です。ですから、親である私たちは自分自身の身体的・精神的健康にもよく気をつけていないといけません。健康を保つためには、睡眠、食生活、運動のバランスに気をつけましょう。健全な心を保つためには、自分自身をよく理解し、また夫婦間で互いに支え合うような関係が確立されていることが大切です。

だれに仕えるのか

「尽くす行為」を考えるとき、だれのために尽くすのか、つまりだれに仕えるのかということを考える必要があります。子どもだけではありません。既婚者であれば、配偶者にも仕えます。愛情表現として夫または妻を喜ばせるようなことも行います。尽くす行為によって配偶者の愛のタンクも満タンにしなければなりません。子どもにとって親はバランスの取れたよいロールモデルであるべきです。そのためにも、配偶者のことも考慮して時間を取ることは、よい子育てにとって不可欠です。

とはいえ、親として子どもに仕えるとき、その主な動機は子どもを喜ばせることではありません。あなたの主要な目的は、子どもにとっての最善を行うことです。ある時点で子どもを一番喜ばせるようなことは、たいてい子どもにとっての最善ではありません。子どものお弁当にスナック菓子を入れれば子どもは大喜びするでしょうが、子どもに最善を尽くしたことにはなりません。子どもに何かしてあげるとき、その動機は彼らの心のタンクを満たすことです。子どもの愛のニーズを満たすために、他の愛の言語と併せて、「尽くす行為」という言語も用いるのです。

この五番めの愛の言語を使用するにあたっても注意があります。何かをしてあげるということを、子どもを操作する方法だと思わないでください。子どもがまだ小さいうちは、贈り物や何かしてもらうことを何よりも喜びます。そのため、何かをしてあげることで子どもを操作するのは簡単です。しかし、あまりに多くの贈り物やサービスをしてあげることで子どもの願いをかなえてしまうなら、その子はいつまでも幼さから脱却できない、自己中心的な子どもになってしまうでしょう。もちろん、だからといって、子どもには贈り物や尽くす行為という形での愛の言語は使わないほうがいいという意味ではありません。

尽くす行為は、子どもの奉仕精神や責任感を養うためにもよい模範となります。あなたが子どものためにいつも何かしてあげていたら、いったいどうやって子どもは独立心や能力を伸ばすことができるだろうかと思うかもしれませんね。子どもがまだ自力ではできないことを代わりにやってあげることで愛情表現をするとき、あなたは子どもによい模範を示しているのです。子どもは自己中心のわなから逃れ、他者を手伝うということに目を向けられるようになります。それが親としての私たちの究極の目標です。(「尽くすことの究極の目的」という項目もご参照ください。)

年齢に応じて

心のタンクが満たされている子どもは、親の愛に確信が持てない子どもよりも、親が愛をこめて子どものために何かをしてあげるとき、すぐにその行為に気づきます。親の尽くす行為は、子どもの年齢に合ったものでなくてはなりません。あなたがしてあげることは、子どもがまだ自分一人ではできないようなことであるべきです。六歳児の口にご飯を運んであげるようなことは当然しません。四歳児のためにベッドを整えてあげることは愛の奉仕行為ですが、八歳であれば、それくらい自分でできます。洗濯機の使い方も、大学生になる前に学ぶべきでしょう。大学ではそのようなことは教えてくれません！　忙しすぎて子どもに洗濯のしかたを教えられないような親、また完璧主義すぎて子どもには任せられないと思う親は、愛情を示しているのでなく、子どもを無能にしているのです。

このように、子どものために何かをしてあげることには段階があります。子どもの成長にしたがい、徐々に自分のことは自分でするように教え、さらに他者のために仕えることを教えるのです。もちろん、これは親にとっては必ずしも楽なプロセスではありません。子どもが自分で食事の支度をできるように教えることは、親が代わりに食事を作ってあげるよりもはるかに時間がかかります。食事の支度だけが目的なら、全部親が自分でやるほうが手っ取り早いでしょう。しかし、あなたの目標が子どもたちを愛すること、つまり子どもにとっての最善を行ってあげることなら、料理を教えるべきです。ただし、子どもがそれを習得するための一番の動機となるのは、あなたが家族のために心からの愛をもって、来る日も来る日も食事を用意する姿を見ていることです。

また、あなたが子どものためにしてあげることの中には、熟練した技術が必要なものもあり、子どもは一生その技術を習得しないかもしれません。私たちはみな、それぞれに得意不得意があり、家族の中でもそれぞれ独自の能力を用いて互いに仕え合うことができます。親は、子どもに自分とまったく同じことをするよう強要してはいけません。さらによくないのは、親がなしえなかった夢を子どもに達成させようとすることです。そうではなく、子どもが自分独自の技術を習得し、自分の興味を追求し、神から与えられた才能によって自分自身のベストを尽くすよう助けてあげることが私たちの願いであるべきです。

率直に尋ねる

独立心と技術を一刻も早く身につけてほしいと願うあまりに、子どもに早々にいろんなことを任せてしまう親もいます。コロラド出身のウィルとキャシーはまさにそういう親でした。まるで駅馬車から降り立ったばかりの西部劇の登場人物のような二人は、独立独歩のたくましい開拓者精神の塊で、息子たちのことも同じように育てたいと願っていました。

ウィルとキャシーが私（ゲーリー）の結婚セミナーに参加し、五つの愛の言語について聞いた後、二人は「尽くす行為」は愛の言語ではありえないと主張しました。ウィルは私に、「親は、子どもが自分でもできることをやってあげるべきだとは思いませんね。子どものために何でもやってあげてしまったら、独立心が養われないでしょう。自分のことは自分でやってもらわないと」と言いました。

「息子さんたちは、自分の食事も自分で作るのですか?」私は尋ねました。

「それは私がやります。でも、ほかのことは全部自分たちでやっています。」キャシーが答えました。

「キャンプのときは、息子たちも自分で食事の用意をしますよ。なかなかうまいもんです。」ウィルがつけ足しました。二人は、明らかに息子たちを誇りに思っているようでした。

「五つの愛の言語について学んでみて、あなたのお子さんたちの愛の第一言語は何だと思いますか。」

「さあ、わからないなあ。」ウィルが言いました。

「息子さんたちは、本当に愛されていると感じていると思いますか。」

「そりゃそうでしょう。当然ですよ。」

「息子さんたちに直接聞いてみる勇気はありますか。」私はひと押ししてみました。

「どういう意味ですか。」

「つまり、息子さんたちに、一人ずつ個別に、こういうふうに聞いてみるのですよ。『こんなことを聞くのはこれが初めてだが、大切なことなので答えてほしい。おまえは、父さんに愛されているると感じているかい？　正直に言ってくれ。おまえがどう感じているか、本当のところを知りたいのだ』と。」

ウィルは長い間沈黙しました。「それは難しいですね。そんなこと、本当に必要なんですかね。」

「必要ではないですよ。でも、聞いてみないことには、息子さんたちの愛の言語が何なのか、わからないでしょう。」私は答えました。

ウィルは帰宅する道すがら、「聞いてみないことにはわからない」という私のことばが頭の中に響いていました。そこで、まずは下の息子のバックから始めました。納屋で二人きりになったとき、私が提案した質問をバックに聞いてみました。バックは答えました。

「もちろんだよ。お父さんがぼくを愛しているのはよくわかってるよ。いつもぼくと一緒に時間を過ごしてくれるじゃないか。町に行くときは連れていってくれるし、ハイキングに行くときは、いろんな話をしてくれるよね。お父さんは忙しいのに、いつもこんなふうにぼくと一緒に時間を過ごしてくれるって、すごく特別なことだなって思ってたんだ。」それを聞いてウィルが思わず涙ぐむと、バックは驚いて言いました。「どうしたの？　まさか死んじゃうんじゃないよね？」

「違うよ。死にやしないさ。ただ、父さんがおまえを愛してることを、ちゃんとわかっててくれてうれしかっただけさ。」

これはウィルにとってとても感情的な体験だったので、次に十七歳の長男のジェイクに同じことを聞く勇気を奮い起こすのに、その後一週間かかりました。ある晩、夕食後二人きりになったとき、ウィルは思いきってジェイクに聞いてみました。「ジェイク、こんなことを聞くのはこれが初めてだが、大切なことなので答えてほしい。難しい質問かもしれないけど、正直に教えてくれ。おまえがどう感じているのか知りたいんだよ。おまえは、父さんに愛されていると感じているかい？」

ジェイクはしばらくの沈黙の後、答えました。「なんて言ったらいいのかわからないよ。多分、父さんに愛されてるのは頭ではわかっているけど、そうは感じられないときもあるんだ。時々、父さんはぼくのことなんか全然愛していないんじゃないかって思ってしまうんだ。」

「どういうときに？」

「ぼくが父さんのことを必要としているのに、助けてくれなかったときとか。ほら、牧場の反対側で火が出たことがあったよね。バックに父さんを呼んできてって頼んだのに、父さんはぼく一人でも始末できるはずだと言って、助けに来てくれなかった。何とかバックと二人で火は消したけど、どうして来てくれなかったんだろうって、ずっと思ってたんだ。父さんはぼくに自立してほしいって願っているからだって、自分に言い聞かせたけど、何だか愛されてないような気がしてしかたがなかったんだ。

ぼくがまだ十歳で、算数の宿題で苦労してたときだってさ、父さんに教えてって言ったのに、父さんは、『おまえは賢いんだから一人でできるだろう』って言って、助けてくれなかった。父さんはやり方を知ってるんだから、説明してくれればいいのに、そうしてくれなかった。ぼくは何だかがっかりしたんだ。それから、荷車が引っかかっちゃって、父さんに助けを求めたこともあったよね。父さんは、おまえがやったんだから自分で考えろって言って、このときも助けてくれなかった。自分で何とかできるのはわかってたけど、ぼくは父さんに助けてほしかったんだよ。

そういうとき、父さんはぼくのことなんかどうでもいいのかなって思ってしまうんだ。愛してくれているのはわかってるけど、そうは感じられないときもあるんだよ。」

ウィルはたまらず泣きだしました。「ジェイク、すまなかった。おまえがそんなふうに感じていたなんて、父さんこれっぽっちも知らなかったよ。もっと前に聞いときゃよかった。父さんは、おまえが自立して、何でも自分でできるようになってほしかったんだ。実際、おまえは本当に立派にやっているよ。父さんはおまえが自慢だ。だが、父さんがどれだけおまえを愛しているかも、わかってほしい。次に父さんの助けが必要なときは、必ず駆けつけてやる。もう一度、チャンスをくれ。」二人は静かな台所で、固く抱き合いました。

七か月後、ウィルにチャンスが巡ってきました。ジェイクの荷車が小川に落ちてしまったのです。ジェイクとバックは二人で荷車を引っ張り上げようと二時間以上努力しましたが、どうしてもだめでした。そこでジェイクはバックに父親を呼んでくるよう言いました。バックが驚いたことに、知らせを聞いた父親はただちに馬に鞍《くら》を乗せ、バックを乗せて小川まで駆けつけました。ウィルの加勢のもとで荷車を無事、水の中から引き上げることができました。バックは父親が兄を抱きしめ、「ありがとう。感謝するよ」と言うのを聞き、変だなあと思いました。台所で始まった癒やしが、小川で完了したのです。頑健な牧場主が繊細なレッスンを学んだのでした。

真心をこめて行う

親が子どものために尽くすとは、何年にもわたって絶え間なく続くものであり、しかもほかにもたくさんの義務があるので、親は自分が子どものためにしている日々の当たり前の行為が、長期的な意味を持つ愛の表現であることを忘れてしまいがちです。愛情をこめて尽くしているというよりも、配偶者や子どもやその他の人たちの奴隷になったかのように感じるときもあるでしょう。しかし、親がそのような態度でいるならば、それは子どもにも伝わります。そうすると、子どもは親から何かしてもらっていても、ほとんど愛情を感じないでしょう。

真心をこめて何かをしてあげるとは、奴隷のように奉仕することではありません。そのように感じる人もいるかもしれませんが、奴隷とは外側から強制されるものであり、本人に喜びはありません。一方真心をこめて尽くすとは、他者のために自分を注ぎ出したいという内側からの願いによって動かされるものです。それは贈り物であり、必需品ではありません。そして心から自由になされるものであり、強制されるものでもありません。親が苦みを感じつつ嫌々ながら仕えるならば、子どもの身体的ニーズは満たされても、感情的な発育は著しく妨げられるでしょう。

毎日のことなので、たとえよくできた親であっても、時折立ち止まって、自分の態度がちゃんと愛を伝えるものになっているか、確認するとよいでしょう。

尽くすことの究極の目的

子どもに尽くすことの究極の目的は、彼らが自らも奉仕を通して他者に愛を与えることのできる、成熟した大人に成長するよう助けることです。これは、愛する大切な人を援助するというだけでなく、こちらの親切に対して一切返礼できないような人にも手を差し伸べることが含まれます。親が家族や家族以外の人たちに献身的に仕えている姿を見ながら育つ子どもは、自分もまた仕えることを学びます。

聖書は、犠牲的な奉仕は神を喜ばす道の一つであると教えています。著名な宗教的指導者の家で食事をしているとき、イエスは主人に言いました。

「昼食や夕食のふるまいをするなら、友人、兄弟、親族、近所の金持ちなどを呼んではいけません。でないと、今度は彼らがあなたを招いて、お返しすることになるからです。祝宴を催す場合には、むしろ、貧しい者、からだの不自由な者、足のなえた者、盲人たちを招きなさい。その人たちはお返しができないので、あなたは幸いです。義人の復活のときお返しを受けるからです[1]。」

なんと力強いことばでしょう！　あわれみと純粋な愛の心をもって他者に仕えるようになる、これこそ私たちが子どもに望むことです。しかし、子どもは幼稚です。生来的に自己中心で、献身的な動機で他者に仕えることは期待できません。よい行いをすれば報酬を望むのが子どもです。子どもが献身的な奉仕をもって他者に仕えるようになるには、長い時間がかかるでしょう。

模範になる

では、どうやってこの究極の目標に向かって進めばよいでしょうか。第一に、心から愛され、大切にされていると子どもたちが感じられるようにすることです。彼らの心のタンクをいつも満たしていてあげましょう。また、私たち自身が模範です。実際にやってみせることで、子どもたちは愛のある奉仕がどのようなものであるかを経験します。成長に伴い、自分でも感謝を表せるようになれば、親も命令することからお願いすること（リクエスト）へと徐々に移していくことができます。お願いは強要しません。感謝せよと命令されるなら、子どもは感謝を表現することによい感情を抱けません。「お父さんにありがとうと言いなさい」と「お父さんにありがとうと言ってくれるかな?」は違います。お願いは命令よりもやわらかで、怒りを引き起こすことがなく、肯定的で心地よく響きます。

子どもが成長するにしたがい、自分のために何がなされているのか気づくようになります。また、過去に何をしてもらっていたのかも理解するようになっていきます。もちろん、おむつを替えてもらったり、ミルクを飲ませてもらったりしていたときのことなどは覚えていないでしょう。しかし、他の親が赤ん坊の世話をするのを見るとき、自分も同じようにしてもらったのだとわかります。真に愛されているとの確信があればこそ、毎日食卓に出される食事を感謝することができます。お話を読んでもらう時間、家族で楽しむ時間、自転車の乗り方を教えてもらうこと、宿題を手伝ってもらうこと、病気のときに看病してもらうこと、傷ついたときに慰めてもらうこと、特別な場所に連れていってもらうこと、贈り物やおやつをもらうこと、そういった日常のさまざまなことがらももっと意識するようになります。

そのうち、親が家族以外の人たちにもさまざまな奉仕をしていることに気づくでしょう。病の人を看病することや大変な境遇にある人のために寄付することなどについて学ぶでしょう。人々を助けるようなプロジェクト、特に慣れ親しんだ環境とは違う場所で行われるものに、自分も参加したいと思うようになるでしょう。どんな町にでも、必要のある人たちがいます。あなたの家族も、個人的にであれ、教会や自治会のプロジェクトの一環としてであれ、一日または一週間くらいをささげて、何らかの活動に参加することができるでしょう。伝道活動、恵まれない境遇にある子どもたちのためのキャンプ、ホームレスの人たちのための炊き出し、老人ホームの訪問、などなど。そのような奉仕活動に親子で参加するなら、他者を助ける喜びを学ぶための格好のレッスンとなります。

仕事や宣教団体などを通して短期海外宣教に参加する機会もあるかもしれません。ある年、私（ロス）はウィクリフ聖書翻訳協会が派遣する宣教団と共に、ボリビアに医師としてボランティアに参加したことがあります。私だけでなく、キャンベル家の全員が参加しました。そのとき、足を複雑骨折した三歳の少年の治療をしたのを覚えています。六週間もの間、足に牽引《けんいん》装置を装着し、動くこともできませんでした。大勢の宣教師の子どもたちが、この少年のためにさまざまなことをしてあげました。その年のクリスマス、当時八歳だった私の娘が、自分がもらったプレゼントの中でも一番うれしかった新品の人形を、その少年の姉にあげました。私はそれを見て大変感動しました。

子どもの行動を変える

社会奉仕や宣教活動などで大切なのは、奉仕をもって他者を助けたいという心からの願いです。しかし親のほうがずれてしまい、子どもが他者のために献身的に尽くすのを妨げてしまうことがあります。親は、子どもに何かをしてあげるとき、それが条件つきの愛の表現になってしまわないよう十分気をつけるべきです。子どもが何か好ましい行動を見せたときだけに何かしてあげるのなら、それは条件つきの愛です。子どもは親のやることをよく見ています。親がそのようにしているなら、子どもも、自分に益があるときだけ他者に奉仕するようになるでしょう。

多くの親は子どもの行動を変えたいと思っています。心理学者たちは、行動に変化をもたらすのに一番有効なのは、「行動変容」であると言います。行動変容とは、特定の行動に報酬や罰を与え、それによって人の行動を変える方法です。確かに、子どもをしつけるときにその方法が使える場合もたまにはあります。子どもが繰り返し問題のある行動を見せ、本人にはそれを変える気がないときなどです。しかし行動変容は、他者への奉仕と関係があってはいけません。それでは操作になります。そうではなく、私たちの奉仕行為は愛と相手への心からの関心によってなされるべきです。そのような動機づけこそ、長い間に子どもの行動を変えることができます。

「それが私にどんなよいことがあるの？」というのが今日の社会に蔓延《まんえん》する態度です。しかし、それこそ「尽くす」という愛の言語の対局をなすものです。（キリスト教主義の社会奉仕や宣教活動とも対局をなします。）行動変容は七〇年代に全盛期を迎えたので、今日子育てをしている多くの親たちに影響を与えています。あなた自身も、そういう考えのもとで育てられた子どもの一人かもしれませんね。あなたは、わが子には首尾一貫した誠実な人間になってほしいと思うでしょう。見返りを期待せずに他者に対して親切で寛容な人、特に恵まれない人たちに対してはそのようであってほしいと願うでしょう。今日のような物質主義的で貪欲な社会において、そんなことは可能だろうかと思うでしょうか。

もちろん可能ですが、あなた次第です。あなたが子どもに育んでほしいと願っている特質を、子どもがあなたの中に見ることが必要です。自分に対するあなたの愛の行為を体験し、あなたが他の人たちを世話している姿を見て、自分もそこにかかわるという体験が必要です。あなたが他者に思いやりを示しているその模範を見て、子どもは学ぶのです。

もてなしの模範

それを実践するのに一番よい方法は、自宅に客を招くことでしょう。家族で客をもてなすことは、すばらしい宝物になります。この行為を通して人々は互いをよく知り合い、強い友情を築くことになるからです。他者に家庭を開くとき、子どもは友人や家族と愛を分かち合うという意義深い方法を学びます。

興味深いことに、昨今では自分の家ではなくレストランなどで客をもてなすことが増えてきました。しかし、家庭の温かさと親密さには特別なものがあります。他者とよい関係を築くことは重要です。そして、家庭を開放して行うなら、一層深いレベルでの関係が築かれるのです。

チャップマン家では、七〇年代の初頭、毎週金曜日に家庭を大学生のために開放していました。学生たちは、近隣の大学（ウェイクフォレスト大学など）からやってきて、いつもだいたいい二十人から六十人が集まりました。私たちのやり方は簡単でした。夜八時から十時まで、人間関係や道徳問題、社会問題など、聖書の箇所からテーマを決めてディスカッションをします。それから軽食が出され、その後は自由な会話を楽しみました。真夜中になると、お開きです。

うちのシェリーとデレクは、当時まだ小さな子どもで、学生たちが集まっているところを出たり入ったりしていました。暖炉の側に座っている学生や、熱く語り合っている学生のひざの上で寝てしまうことも珍しくありませんでした。学生たちは親戚のようなもので、子どもたちは金曜の夜になるのを楽しみにしていました。

土曜日の朝には、「よいことをしよう計画」と名づけられたプロジェクトのためにもう一度やってくる学生たちもいました。ミニバンに乗り込んで、町じゅうのあちこちに学生たちを送り込み、年配の方の家の落ち葉かきをしたり、雨どいの詰まりを直したりなど、便利屋のような働きをしました。シェリーとデレクも、いつも同伴しました。もちろん、彼らも自分のくまでを持つことを主張しました。もっとも、彼らが一番楽しんだのは、落ち葉をかき集めた山の上に飛び込むことでしたが。

大人になってから、シェリーとデレクは当時のことを振り返り、学生たちと一緒にさまざまな奉仕活動に参加したことは、子ども時代の貴重な思い出だと言います。シェリーは現在産婦人科医をしていますが、ボーマン・クレイ医学学校の学生たちと話をしたときのことが、職業を選択するうえで大きな役割を果たしたと言っています。シェリーもデレクも人とつきあうのが大好きです。デレクは冬になるとホームレスの人たちを自分のアパートに招き入れることで有名でした。（私たちが教えたのでしょうか？）家庭を開放して家族と共にさまざまな奉仕活動に参加したことは、子どもたちにとても深遠な影響を与えたのだと確信しています。

あなたも、子どもたちが他者に気持ちよく仕えられるようになることを目標としましょう。偶然ではそのようになりません。子どもは、あなたが子どもたちや他の人々に仕える姿を見て、そこから学ぶのです。さらに、あなたが他者に仕えるのを子どもに少しずつ手伝わせるなら、それを通しても学ぶでしょう。子どもたちの成長に合わせ、やらせてみることを徐々に増やすといいでしょう。

あなたの子どもの一番の愛の言語が尽くす行為であるなら

純粋な愛情表現としてなされる奉仕行為は、たいていの子どもの心に通じますが、もしこれがあなたの子どもの愛の第一言語であるなら、他の何よりも尽くす行為を通して一番愛を感じます。自転車を直してとか人形の洋服のほころびを縫ってなどと子どもが頼んでくるとき、単にあなたに何かをしてもらおうとしているのでなく、あなたの愛を示してもらうことを求めているのです。これはジェイクが父親のウィルに求めていたことでした。

親が子どものこういったリクエストに気づいてそれに応答し、愛のこもった態度で助けの手を伸べるなら、ジェイクがまさにそうであったように、子どもの心のタンクは愛で満たされるでしょう。しかし子どものニーズに応えることを親が拒否したり、厳しいことばや批判的な態度で応えるならば、たとえ自転車は修理してもらったとしても、子どもの心はくじかれるでしょう。

尽くす行為があなたの子どもの愛の第一言語だとしても、子どものリクエストの一つ一つにすぐさま応えてあげるべきだという意味ではありません。子どものリクエストにきわめて慎重に対応する必要があり、あなたの反応が子どもの愛のタンクを満たしもすれば穴を開けることにもなるということを、よく腹に据えておく必要があるという意味です。子どものリクエストを受け流すことなく、一つ一つ知恵と愛をもって対応しましょう。

子どもたちの声

以下は、尽くす行為を愛の第一言語とする子どもたちの声です。

クリスタル（七歳　三歳になるまでたくさんの健康上の問題を抱えていた）「ママは私のこ

とを愛してくれているよ。だって、宿題をいつも手伝ってくれるし、お医者さんにいくときは、会社を早引きして連れていってくれるから。私が病気になると、いつも大好きなスープを作ってくれるの。」

ブラッドリー（十二歳　母親と弟との三人暮らし、父親はブラッドリーが六歳のときに家を出た）「お母さんがぼくのことを愛しているとわかるのは、シャツのボタンが取れたら縫ってくれるし、毎晩宿題を手伝ってくれるからだよ。ぼくたちの食べ物や洋服を買えるように、お母さんは看護師として一生懸命働いてくれるんだ。お父さんもぼくを愛しているとは思うけど、ほとんど何もしてくれないよ。」

ジョディ（十四歳　公立学校の特別学級に通う。母親と二人暮らし）「私がお母さんに愛されていると感じるのは、お母さんはいつも私のベッドを整えるのを手伝ってくれるし、洗濯をしてくれるからです。夜には、宿題を手伝ってくれます。特に美術の宿題です。」

メラニー（十四歳　四人姉妹の長女）「両親が私を愛してくれているのはよくわかります。母は私のためにいろんなことをしてくれるからです。母は学校の演劇部の衣装を縫ってくれますし、私だけでなく、二人の友達の分まで作ってくれました。とってもうれしかったです。父はいつも宿題を手伝ってくれます。今年は特に、私が苦労していた代数をたくさんの時間を割いて教えてくれました。お父さんはあんなによく覚えていて、びっくりです。」

これらの子どもたちにとって、親が彼らのためにしてあげたことは、愛情表現として心に届きました。この愛の言語を語る子どもを持つ親は、仕えるとは愛することであると学びます。子どもに、そして他者に仕えましょう。そうすれば子どもたちはあなたに愛されているとわかるのです。

注

1　ルカの福音書一四章一二―一四節。

あなたの子どもの愛の言語が尽くす行為なら……

特に親のためのアイディアを以下にご紹介します。あなたの子どもが喜びそうなことをいくつか選んで試してみてください。

・子どもがやっているスポーツの練習につきあう。たとえばキャッチボールやバスケットボールのフリースローなど。
・宿題を手伝う。
・子どもに嫌なことがあった日に、好物のおやつを作ってあげる。
・小さい子どもの就寝時間になったら、寝なさいと言うだけでなく、抱き上げてベッドまで連れていき、ふとんをかけてあげる。
・小学生の子どもには、朝起きたときにその日に着る服を選ぶのを手伝う。
・時折ふだんより三十分早く起床し、子どもに特別な朝食を用意して驚かせる。
・住んでいる地域の自治体や教会を通して、他者のために奉仕することの重要さを教え始める。
・小さい子どもには、お昼寝中や幼稚園に行っている間に、子どもの好きなおもちゃを並べてすぐに遊べるようにしておいてあげる。（親も一緒に遊びましょう。）
・何かに遅刻しそうになったら、口頭で「早くしなさい」と言うのでなく、子どもが早く支度できるように手伝う。
・子どもが病気のときは、ふだん以上にいろいろなことをしてあげる。子どもの好きなＤＶＤを見せてあげたり、本を読んであげたり、好物のスープを作ってあげたりなど。

・子どもがやっている活動（スポーツ、音楽、その他）で、子どもを助けてくれそうな友人や親戚と連絡を取ってあげる。

・何か一つ、いつも特別にしてあげることを決める。たとえば、子どものココアにはいつもマシュマロを入れるとか、寝る時間には必ず子どものお気に入りのぬいぐるみも一緒にベッドに入れるようにするとか、子どもがお絵かきをするときは、クレヨンなどをすべてそろえてあげるなど。

・誕生日には、子どもがリクエストするものを何でも作ってあげる「誕生日ディナー」の習慣を始める。

・子どもがあなたと一緒にするのが好きな活動をいくつかリストアップする。時々、子どもが一番期待していないようなときに、そのリストの一つをやってあげる。

・子どもの試験の準備のために単語帳などを作ってあげる。子どもが自信をつけるまで、一緒に練習してあげる。

・子どものお弁当や夕食に、特別なデザートを用意する。たとえば、子どもの名前の形にくりぬいた果物など。

・壊れてしまった子どものお気に入りのおもちゃや自転車などを直すのを助けてあげる。修理のために時間を取ってあげるだけでも、子どもにはあなたの愛情が伝わります。

第7章　わが子の愛の第一言語を見つけるには

ここまでの章で、五つの愛の言語のそれぞれについて説明しました。また、どの愛の言語が自分に一番強く響くかを話してくれた、子どもたちの声もご紹介しました。それでもまだ、あなたは自分の子どもの愛の第一言語が何であるのか、よくわからなくて迷っているかもしれませんね。子どもの愛の第一言語を突き止めるには時間がかかります。しかし、そのヒントとなるものはいたるところにあります。この章では私たちは探偵となり、あなたの子どもの愛の第一言語を探し当てるお手伝いをします。

しかし、それらのヒントを探し始める前に、なぜ子どもの愛の第一言語を発見することに価値があるのか、もう一つ重要な理由を挙げましょう。子どもの愛の第一言語で話しかけるなら、子どもは親の愛をより深く実感できるようになることはすでに述べました。子どもが愛されていると実感し、愛のタンクが満たされているとき、子どもは人生のあらゆる領域において親からの指導を素直に受け入れることができます。憤ることなしに親のことばにも耳を傾けるでしょう。しかし、子どもの愛の第一言語（そして他の四つの言語も）を学ぶことには、ほかにも同じくらい重要な理由があります。それは、他者に愛を示すにはどうしたらいいのかを子どもに教えることです。私たちが子どもの愛の第一言語を中心にいろいろな愛の言語で語りかけるとき、子どももまた他者に愛を示すためにはそれを学ぶことが必要だとわかるようになるのです。

愛を最大限に生かす

私たちが五つのすべての愛の言語を語ると何が起きると思いますか。子どもたちも、それらの言語を駆使して他者を愛することを学ぶのです。他者のニーズによく気がつく大人になるよう、助けてあげられるのです。あなた自身がそうであるように、子どももまた五つのすべての言語に熟練し、愛を与えられるようになる必要があります。この能力を身につけるなら、子どもたちは社会の中でうまく機能できるバランスの取れた大人になります。愛の言語を学ぶなら、自分自身のニーズを満たし、他者を助けることもできるようになるでしょう。

子どもはみな自分勝手です。ですから、自分には不慣れだったり、楽ではなかったりする方法を用いて他者と意思の疎通をすることの重要性に、あまり気を留めません。たとえば、ほかの子どもと物を分け合うとか、贈り物をするのが苦手な子もいれば、一匹狼タイプで、仲間たちと一緒にみんなで楽しい時間を過ごすことの価値が理解できないという子もいるかもしれません。またある子は、行動に出るのは得意なものの、ことばで人と心を通わせ合うことは苦手かもしれません。おとなしい子どもにはこういうタイプが多いものです。ことばで意思の疎通を図るのが苦手な子どもに、肯定的なことばを用いて積極的に人とかかわっていくよう教えることは、親の側の重要な愛の表現です。子どもに肯定的なことばという大切な愛の言語を学ばせてあげましょう。

親である私たちが、たとえ自分にとって不慣れなものであっても、子どもに愛を伝えるためにその愛の言語を学ぶなら、自分を最優先させないとはどういうことか、他者に仕えるとはどういうことか、子どもに示していることになります。他者に仕え、配慮するという、大人になるうえで大切なことがらを子どもに教えているのです。たとえば、子どもたちがみな「尽くす行為」という愛の言語を学んだとしたらどうなるか、想像してみてください。「掃除の日」のために清掃ボランティアを求める自治体は、一日で市内の道路をきれいにできるでしょう。新しく引っ越してきた人たちを歓迎するプログラムも、ボランティアであふれるでしょう。教会でも、奉仕者リストにたくさんの名前が連なるでしょう。

時間がかかる

そういうわけで、子どもに五つの愛の言語を語ることは重要であり、子どもの愛の第一言語を学ぶことは不可欠であると同意していただけたと思います。問題は、どうやって子どもの愛の第一言語を知るのか、です。

これには時間がかかります。幼児に対しては、五つの愛の言語のすべてを用いて愛情表現をしてください。それによって子どもは感情的に発達します。子どもがまだ小さくても、どの愛の言語を好むのか、何らかのヒントが見え始めてくることもあります。たとえば、母親の声を聞いてもほとんど反応しない子どももいれば、母親の声を聞いただけですっかり安心する子どももいるかもしれません。だれかにぴったり抱かれていると落ち着く子どももいれば、あまり関係ないかのような子どももいるかもしれません。

子どもが大きくなるにつれ、五つの愛の言語の中でも特にあなたの愛が深く伝わるものがあることに気づくでしょう。また、その言語が否定的に使われると特に子どもが深く傷つくことにも気づくでしょう。愛の言語に関して、この二つの真理をよく覚えておいてください。そうすれば、愛をよりよく表現できるようになり、いらだっても子どもをひどく傷つけてしまうことは避けられます。

わが子の愛の言語を発見することは一つのプロセスであり、時間がかかって当然です。子どもがまだ小さければ特にそうです。小さな子どもは、さまざまな言語で愛を受け取り、自らも愛を表現することを学び始めたばかりです。つまり、どの言語が自分に満足をもたらすか、行動や反応を通していろいろ試みている段階なのです。ですから、特定の反応を繰り返し示す時期があったからといって、それが本当にその子どもの愛の第一言語とはかぎりません。数か月後にはまた違う言語を試しているかもしれません。

キャミの成長を観察して

キャンベル家では、孫娘のキャミが、曾《ひい》おばあちゃんの住む老人ホームで他の高齢者たちとやりとりするようすを非常に興味深く見てきました。まだ二歳か三歳の頃から、キャミは居住者の高齢者たちに絵を描いては一人一人に渡していました。また誕生日やクリスマスには、曾おばあちゃんがたくさんのカードやプレゼントをもらえるようにと気にしていました。曾おばあちゃんはアルツハイマーを患っており、キャミのことはほとんど認識できないにもかかわらずです。キャミの愛の第一言語は尽くす行為だろうと決めたくなるところですが、それは早計です。キャミの年齢では、まだまだわからないのです。実際、キャミは親の注意を得ることにも夢中でしたし、スキンシップや目線を合わせること、ことばで励ましてもらうこと、充実《クオリティ》した時間《タイム》など、すべてを必要としているようでした。

キャミの成長に伴い、私たちはこれからもキャミがいろいろな形で愛を示したり受け取ったりするのを観察することでしょう。彼女の得意な愛の言語は、時期とともに変化を見せ、特に青年期においてはそうだということを忘れないでください。キャミの例をお話ししたのは、愛の言語とは石に刻まれたかのように変更不能なものではないことを、読者のみなさんにも覚えておいていただきたいからです。子どもの愛の第一言語を見極めるよう気をつけているべきですが、年齢とともに愛され方、愛の表現のしかたに対する好みも変化するのだということを、心に留めておいてください。趣味や学業におけるのと同じように、愛を求めることにおいても子どもたちはいろいろ試してみるのです。愛を受け取ることに関しては一つの言語を好み、示すことに関しては別の言語を好んでいるように見えることもあるでしょう。子どもの愛の言語が変化しているうちは、まだ一つに絞ってしまわないよう気をつけてください。

また、この章では子どもの愛の第一言語を強調していますが、他の四つも無視できないことは肝に銘じておいてください。子どもが五つのすべての言語で愛を与えたり、受け取ったりできることが重要です。なぜならば、将来大人になれば、自分とは違う愛の言語を話す人に必ず出会うはずだからです。五つの言語すべてに長《た》けていればいるほど、熟練した愛の伝達者になれますし、将来の配偶者や子ども、同僚や友人たちのこともより一層大切にできるのです。

わが子の愛の第一言語を発見することの究極の価値は、それを用いることによって最も効果的に愛を伝えることができるという点です。子どもが落ち込んでいたり、ぼんやりしているようなとき、子どもをあなたの愛で温かく包んであげたいと思ったら、一番効果的な方法でそれを行うことができるのです。

愛の第一言語を発見する

わが子の愛の第一言語を探すにあたり、本人にはその件について話さないほうがいいでしょう。特にティーンには何も言わないほうがいいです。子どもは生来、自己中心的です。愛の言語という概念があなたにとって重要だと察知すれば、自分の一時的な欲求を満たすためにあなたを操作しようとして愛の言語を用いるかもしれません。彼らが表現する欲求は、彼らの心の深い部分でのニーズとは何の関係もないかもしれません。

たとえば、子どもが長い間、高価なバスケットボールシューズを欲しがっていたとします。欲しい靴を買ってもらうために、愛の言語を用いてあなたを操作しようとするかもしれません。

「ぼくの愛の第一言語は贈り物なんだ、今とても欲しいバスケットシューズがあるんだ」とだけ言えば、あなたは靴を買ってあげてしまうことでしょう。子どもの愛の第一言語を知りたいと願っている誠実な親として、子どもに一杯食わされたと気づく前に靴を買ってあげてしまう可能性は大です。いいですか、建設的な育児とは、子どもが欲しがるものを何でも与えることではありません。

わが子の愛の第一言語を発見するにあたり、次の方法を試してみることを提案します。

1　子どもがあなたにどのように愛を表現するか観察する。

子どもをよく観察しましょう。自分の愛の言語を語っているかもしれません。これは特に、小さな子どもの場合に有効です。小さな子どもは、自分がそうしてほしいと思っている方法で自分も愛を表現している可能性が高いのです。五歳から八歳くらいの子どもが、「ママ、おいしいご飯だね」、「パパ、宿題手伝ってくれてありがとう」、「ママ、大好きだよ」、「パパ、今日も一日頑張ってね」というような感謝や肯定的な表現を頻繁に口にするなら、その子の愛の第一言語は「肯定的なことば」であると思ってまず間違いないでしょう。

この方法は、十五歳の子どもにはそれほど効果的ではありません。特に、操作に長けている子どもであればなおさらです。肯定的なことを言いさえすれば親は何だかんだ言いながらも自分の願いを受け入れてくれると、経験的に学んでいるかもしれません。そういうわけで、この方法は五歳から十歳くらいまでの子どもに一番有効だといえるでしょう。

2　子どもが他者に対してどのように愛を表現しているか観察する。

あなたの小学校一年生の子どもがいつも先生に贈り物をしたがるのであれば、その子の愛の第一言語は贈り物であることの表れかもしれません。ただし、あなた自身が先生に贈り物をしようとほのめかしていることはないか、よく気をつけてください。もしあなたのほうからそのようにほのめかしているのなら、子どもは単にあなたの言うとおりにしているだけで、贈り物はその子にとって格別愛を表すものではないかもしれません。

贈り物によって愛を一番強く感じる子どもは、自分が贈り物をもらうことで非常に大きな喜びを得ます。そして他者にも同じ喜びを感じてほしいと思うのです。ほかの人も、贈り物をもらうと自分と同じくらいうれしいだろうと思っているからです。

3　子どもが何を一番頻繁にリクエストするか耳を傾ける。

あなたの子どもは頻繁に一緒に遊ぼうとか、散歩に行こうとか、絵本を読んでなどとねだりますか。もしそうなら、その子は充実した時間《クオリティ・タイム》を求めているのです。自分にとって感情的に一番必要なもの、つまりあなたから一心に注意を向けてもらうということを求めていると思っていいでしょう。もちろん、親から注意を向けてもらうことを必要としない子どもはいません。しかし、親と一緒に時間を過ごすことによって一番愛を感じるタイプの子どもであれば、そうでない子どもよりもはるかに多く、親と一緒に何かをしたがるのです。

もし子どもが、自分の作品（絵や工作など）について、あなたからの感想を求めたがるなら、その子の愛の言語は肯定的なことばかもしれません。「ママ、ぼくの絵、どう思う？」「私の洋服、きれい？」「私、上手に弾けた？」などという子どもの発言は、親からの肯定的なことばを求めている証拠です。この場合も、どの子どもにも肯定的なことばは必要であり、だれしも時には求めてくるものです。しかし、あなたの子どもが特に頻繁にこういったことを聞いてくるようであれば、それがその子の愛の言語である可能性は強いでしょう。

4　子どもが何について一番よく不満をもらすかに注意を向ける。

この方法は三番めの点にも関係しますが、この場合、自分が求めることを直接欲しがるのでなく、それが親から十分に得られないときに、そのことについて不満をもらします。もし子どもが、「ぼくとはちっとも遊んでくれないんだね」とか「いつも赤ちゃんの面倒ばかり見てる」とか「全然公園に連れていってくれない」といった不満を頻繁にもらすのであれば、おそらくそれは単なる欲求不満の表れ以上のものでしょう。赤ちゃんが生まれて以来、親は自分のことをあまり愛してくれなくなったという気持ちを表現しているのです。不満を言うことで、この子どもは親と充実した時間《クオリティ・タイム》を持つことを求めています。

同じようなことばであっても、たまに子どもが「パパはいつも仕事が忙しいんだね」というだけであれば、それは子どもの愛の第一言語を表しているとはかぎりません。母親がそう言うのを聞いて、単にそれを真似しているだけかもしれません。あるいは、「うちもベンの家族みたいに旅行に行けばいいのに」という発言は、ベンをうらやましがっているだけかもしれません。

どんな子どもも、たまには不満をもらしますが、たいていの不満はその場で子どもが欲しているものに関係しており、子どもの愛の言語の表れとはかぎりません。しかし、子どもの不満の半分以上が、何らかの愛の言語の不足とかかわっているようであれば、子どもの深いニーズの表れである可能性は高いでしょう。それがどれくらいの頻度で見られるかが鍵です。

5　子どもに二つの選択肢の中から選ばせる。

子どもに異なる愛の言語の選択肢を与え、どちらかを選ばせてみましょう。たとえば、父親が十歳の息子に、「エリック、今度の木曜日はお父さんは早く帰ってくるが、一緒に魚釣りに行くのと、おまえに新しいバスケットボールシューズを買ってやるのと、どっちがいいかい?」と聞くとします。ここで子どもは、充実した時間《クオリティ・タイム》と贈り物の間で選択することになります。あるいは母親が娘に、「今夜は少し時間があるから、一緒に散歩にでも行く? それとも、あなたに新しいスカートを作ってあげましょうか?」と言います。この場合の選択肢は、充実した《クオリティ・》時間《タイム》と尽くす行為です。

数週間にわたってこのような選択肢を与え、子どもが何を選ぶか記録を取ってみましょう。子どもが選ぶものが、五つの愛の言語のうちのどれか一つに集中しているようであれば、何が子どもに一番愛を感じさせることができるのか、発見できたと思っていいでしょう。時にはどちらの選択肢も好まず、子どものほうから別の選択肢を出してくるかもしれません。それもいいヒントになるので記録しましょう。

あなたがこのような選択肢を頻繁に出すようになり、子どもが不思議がるようなら、こう言うといいかもしれません。「家族と過ごす時間をもっと有意義にするためにはどうしたらいいか、最近考えているのよ。一緒に時間を過ごすときにはあなたがどんなことをしたいと思っているのか、お母さんも知っていたほうがいいかなと思って。いろいろ意見を聞かせてもらって、お母さんには役に立っているけど、あなたはどう思う?」もっと哲学的な説明をしてもいいし、もっと単純に答えてもいいでしょう。どちらにしても、あなたが言っていることは真実です。

また、子どもの愛の言語を探索しながら、子どもに選択する練習をさせていることにもなります。

選択肢を用いて愛の言語を見つける

五歳の子どもの場合

子どもに与える選択肢は、子どもの年齢と興味によって変わります。以下はあなたの発想を刺激するための例ですので、参考にしてみてください。一年生の子どもに対しては、たとえば次のように言ってはどうでしょうか。

「アップルパイを焼いてあげましょうか（尽くす行為）、それとも公園に遊びに行く（充実《クオリ》した《ティ・》時間《タイム》）？」

「父さんと相撲を取るか（スキンシップ）？　それとも一緒に絵本を読もうか（充実《クオリ》した《ティ・》時間《タイム》）？」

「出張で二日間留守になるけど、お土産を買ってきてほしい（贈り物）？　それともあなたがどんなによい子か、詩を書きましょうか（肯定的なことば）？」

「『どうして好きなの？』ゲームをしようか（肯定的なことば）、それとも壊れていたおもちゃを今修理してあげようか（尽くす行為）？」

「どうして好きなの？」ゲームとは、親と子どもが順番に、「私が○○（子どもの名前や、ママ、パパなど）を好きなのは、～～だから」という文章を完成させるゲームです。たとえば、親が「ママが○○くんを好きなのは、笑顔がかわいいから」と言うと、子どもが「ぼくがママを好きなのは、絵本を読んでくれるから」と言い、また親が、「ママが○○くんを好きなのは、妹にいつも優しいから」と言うのを繰り返していきます。これは、子どもに肯定的なことばをかけてあげるのにちょうどいい、楽しい遊びです。さらに、子どもが親を肯定することをも教えます。このゲームをさらに応用して、理由の部分を五十音のそれぞれの音で始まるようにしてもおもしろいでしょう。たとえば、「私がママを好きなのは、あみものが上手だから」、「ママが○○ちゃんを好きなのは、いつも一生懸命だから」という感じです。

十歳の子どもの場合

もしあなたの子どもが十歳くらいでしたら、次のような選択肢はどうでしょう。

「誕生日には、新しい自転車が欲しいか（贈り物）？　それともワシントンＤＣにパパと一緒に旅行に行くか（充実した時間《クオリティ・タイム》）？」

「今夜、お父さんがコンピュータを直してあげる（尽くす行為）のと、一緒にバスケットボールをする（充実した時間《クオリティ・タイム》とスキンシップ）のと、どっちがいいか？」

「今週末、おばあちゃんに会うとき、あなたが今学期どれだけよく頑張って勉強したかを伝える（肯定的なことば）のと、よく頑張ったご褒美に何か買ってあげる（贈り物）のと、どっちがいい？」両方を選んでもかまいません。

「あなたが体操の練習をするのをママが見ていてあげる（充実した時間《クオリティ・タイム》）のと、新しいタイツを買ってあげる（贈り物）のとどっちがいい？」

十五歳の子どもの場合

十五歳の子どもには、次のような選択肢がいいかもしれません。

子どものために中古車を購入し、子どもが十六歳になるまでに、必要のある箇所を修理して安全に乗れるようにしておく計画の場合。「今度の土曜日、一緒に車の修理をするかい（充実した時間《クオリティ・タイム》）？、それともおまえが友達と出かけている間にお父さんがやっておこうか（尽くす行為）？」

「土曜日の午後、新しい上着を買ってあげましょうか（贈り物）？、それともお父さんが留守の間、二人で映画でも観に行く（充実した時間《クオリティ・タイム》）？」

「今夜はお父さんが留守だから、外食する（充実した時間《クオリティ・タイム》）？　それとも、あなたの好物のピザを作ってあげましょうか（尽くす行為）？」

「おまえが落ち込んでいて励ましてほしいとき、隣に座ってどれだけ父さんがおまえを自慢に思っているか話してやるのと（肯定的なことば）、『父さんがついてるぞ！』と言いながら思いきりハグするのと（スキンシップ）、どっちのほうがうれしいか？」

選択肢を与える方法は、何度も繰り返さないと意味がありません。そうしないと、子どもの答えから特定の愛の言語が浮かび上がってくるような、何らかのパターンが見いだせないからです。おそらく、はっきりとした傾向が見えてくるまでには二十か三十くらいの選択肢を与えることが必要でしょう。単発の答えは、その時点での子どもの好みを示しているにすぎないかもしれません。

もっと工夫を凝らして試してみたいなら、各愛の言語が同数ずつ登場する三十組の選択肢を用意し、選択に関する自由研究か何かのように、それを子どもに与えてみるのも一つの手です。たいていのティーンはそのようなプロジェクトには乗ってくるでしょう。そして、その結果から、子どもの愛の言語をうまく発見することができるかもしれません。

十五週間にわたる実験

これまでに述べた方法がどれも役に立たないようでしたら、次の方法を試してみてはいかがでしょう。しかし、これを試してみるなら、途中でやめてしまわないで十五週間は続ける覚悟でいてください。

まず、最初の二週間、子どもに愛を表現するために集中的に用いる愛の言語を一つ選びます。たとえば、充実した時間《クオリティ・タイム》から始めるとしましょう。毎日、少なくとも三十分間は子どもに集中して注意を向けてあげることで、愛を伝えるようにしてください。ある日は子どもを朝食に連れ出し、別の日には一緒にゲームをしたり本を読んだり、という具合です。そのとき、子どもがどういう反応を示すかよく観察しましょう。二週間経って、もし子どもが自由にしたいというようなことを言い出すなら、子どもの愛の言語はこれではなかったと思うほうがよいでしょう。逆に、子どもの目が輝きだし、あなたと一緒に時間を過ごすのがいかにうれしいか、子どもがしきりと話すようであれば、あなたが目指す愛の言語を発見したのでしょう。

二週間後、一週間の休みを取ります。しかし完全にやめてしまうのではなく、これまでの三分の一くらいに減らします。こうすることで、二人の関係を、実験を始める前の状態に戻します。それから次の愛の言語を選び、次の二週間はその言語に集中します。たとえば、スキンシップを選んだなら、一日に少なくとも四回は、意味のある形で子どもに触れます。子どもが学校へ行く前にハグとキスをする、帰宅したらハグで出迎える、夕食の席に着いたら子どもの背中を一分間さすってあげる、食後に子どもがテレビを見ているときに背中をポンポンとたたく、という具合です。スキンシップの方法を変えつつ、これを二週間毎日続けます。

そして、子どもの反応を観察しましょう。二週間経つ頃に、子どもが「触るのはもうやめてよ」と言ってきたら、これはその子の愛の第一言語でないことがわかります。しかし、子どものほうも喜び、触ってもらうとうれしいというようなことを言うなら、あなたは望む答えに近づいているのでしょう。

次の週、スキンシップの回数を減らし、ようすを見てください。それからまた別の愛の言語を選び、先と同じようにします。週が進むにつれ、子どもの反応に変化が出るかよく観察してください。先にあなたが使った愛の言語を、子どものほうからリクエストしてくるかもしれません。もしそうなら、それはよいヒントです。あるいは、二週間前にあなたがやっていたことをやめてしまったことについて、不平を言うかもしれません。それもまたヒントになります。

もし子どもが、あなたはいったい何をしているのかと不審に思うようでしたら、こう言ってみましょう。「できる限りの方法であなたに愛を示したいのよ。お母さんがどれだけあなたのことを愛し、あなたを大切に思っているか、知っていてほしいの。」愛の第一言語という概念については触れてはいけません。この実験を続けるにあたり、あなたの子どもは五つのすべての愛の言語を通して愛情を示してもらう必要があることを忘れないでください。心に優しいことば、注意を向けてもらうこと、愛の行為、適切な贈り物、そしてアイコンタクトを伴うスキンシップなど、すべてです。

ティーンの子どもがいる場合

もしあなたにティーンの子どもがいるならば、ティーンを育てるとは、世界じゅうのどんな仕事とも比較にならないことをよくご存じでしょう。この年代の子どもは多くの変化を経験しているので、愛を受け取ったり示したりする方法もまた、彼らの気分次第で変化します。ティーンの多くは、「ぼそぼそ期」とでも呼ぶのがぴったりくるような時期を通ります。子どもの口からは、ほんの一言二言、ぼそぼそ言うことばしか出てこないからです。

母親「ティム、調子はどう?」

ティム（ぼそりと）「別に。」

母親「今日は何をしたの?」

ティム（ぼそりと）「何も。」

この難しい段階にあるティーンは、スキンシップ以外にはどの愛の言語も受けつけないかもしれません。スキンシップをするとしても、素早くしたほうがいいでしょう。もちろん、たまには機嫌のよいときもあるので、そのすきにできる限りの愛を示してあげましょう。特に彼らの愛の第一言語を用いるのです。

ティーンは、時には親に愛のタンクを満たしてもらうことを拒絶しているかのように見えることもあります。あなたに本当に愛されているのか、試しているのです。はっきりとした理由もないのに不機嫌な態度をとったり、ごねて必要以上に親の手間をかけさせたり、単にぐずぐずのろのろしたりします。このような行動を通して、彼らは無意識のうちに、「私を本当に愛している?」と問いかけているのかもしれません。

ティーンのこういう行動は、親にとっては試金石となります。もしあなたが冷静で、穏やかで、愛情深く(ただしきっぱりと)していられるなら、テストに合格です。あなたのティーンはやがてこの難しい段階を通り抜け、成熟していくでしょう。

ダンは十三歳のときから親を試し始めました。父親のジムは最初はいらだちましたが、間もなく自分がダンの愛のタンクを干からびさせていたことに気づきました。ダンの愛の第一言語が充実した時間《クオリティ・タイム》であることはわかっていたので、彼のタンクを満たすために、ある週末をまるまる息子と二人で過ごすことにしました。ティーンの愛のタンクはかなり大きいので、これはなかなかの大仕事です。ジムはこの週末中、するつもりだったことはすべて行い、これからは二度と息子のタンクを空にさせまいと心に誓ったのでした。

二人が戻ってきた晩、ジムには重要な会合がありました。ダンもそのことはわかっていました。ジムが出かけようとしたそのとき、ダンが言いました。「父さん、ちょっと時間ある?」

さあ、テストです。ダンの本当の意味は、「父さん、本当にぼくのこと愛してる？」だったのです。この落とし穴に引っかかり、うっかり短気を起こしてしまう親はどれだけ多いことでしょう。

幸いにも、ジムはその意味に気づきました。そこで時間を決めて、ダンと話すことにしました。「父さんは今すぐ大切な会合に行かないといけないんだ。帰ってきたらすぐに話をしよう。帰りは九時半頃になるよ。」

もしここでジムがダンに対していらだち、「週末中ずっと一緒にいたじゃないか！　これ以上何をしてほしいんだ！」と怒鳴っていたら、四十八時間かけて満たしたばかりのダンの愛のタンクに、穴を開けてしまっていたことでしょう。

複数の言語を話す

あなたの子どもの愛の言語が何であれ、五つのすべての言語を話すことの重要性を忘れないでください。一つの言語だけに集中して、他の四つの言語をないがしろにしてしまうのはよくある失敗です。これは、贈り物に関して特にそうです。贈り物は時間も労力もかからないからです。しかし、子どもに贈り物ばかり与えすぎるというわなに陥るなら、子どもは満たされた健全な愛のタンクを持てなくなってしまいます。さらに、子どもが世界を物質主義的な目でしか見られなくなることを助長するでしょう。

五つのすべての愛の言語を学ぶなら、人生全体を通して、子どもたちだけでなく配偶者や友人、親戚など、私たちがかかわる人たちとの関係を育む助けになります。本書では、子どもたちに焦点を合わせていますが、五つの愛の言語を学ぶうちに、数年もすれば、自分とは違うさまざまなタイプの人たちにも愛を伝えられるようになることは確かです。

親にとっても、愛の言語を学ぶとは成熟の過程です。それは時間がかかり、痛みも伴い、困難も少なくない旅路であることを覚えておきましょう。しかし、親が複数の愛の言語を学ぶにつれ、子どもにもさまざまな方法で愛を受け取ったり与えたりするよう教えることができます。忍耐強く愛を示し、模範を見せ続けるなら、子どもたちもまた、やがてたくさんの方法で愛を表現できる大人へと成長していくことでしょう。そうなれば、傑出した大人の誕生です！

第8章　しつけと愛の言語

〝愛〟〝温かさ〟〝笑い〟〝しつけ〟、これらのことばのうち、否定的なことばはどれでしょうか。答えは、「どれも違う」です。多くの人が考えるのとは裏腹に〝しつけ〟は否定的なことばではありません。〝しつけ〟という英語のことばは、〝訓練〟を意味するギリシャ語から派生しました。しつけとは、幼児から成人になるまで子どもを導く、気の長くて慎重を要する務めです。将来、社会で責任ある大人として役目を果たすことができるまでに子どもを成熟させることが目標です。やりがいのある目標ではありませんか！

家庭や社会において自制心のある生産的な一員となるように、子どもの精神と人格とを訓練したいと思ったら、親が子どもとの意思の伝達においてあらゆる方法を用いることが必要です。子どもを導くには、模範を示し、口頭で指示を与え、書いて依頼し、正しい行動を教え、説教し、間違った行動を矯正し、学習経験の場を提供するなど、たくさんの方法があります。罰を与えることも方法の一つで、それなりに意義があります。しかしほとんどの家庭で、罰はあまりにも使われすぎています。事実、しつけとは罰を与えることだと思っている親も大勢います。罰はしつけの一形態ですが、最も否定的なものです（194ページを参照）。

特に自分自身が親から十分に愛を注がれて育たなかった人の中には、愛情をかけて子どもを育むことがあまり重要だとは思わない親もいます。そのような親は、子育ての主な仕事は子どもに罰を与えることだと思っており、ほかのもっと肯定的なしつけの方法を用いないのです。効果的にしつけるためには、親は子どもの愛のタンクをいつも満タンにしておかなくてはなりません。実際、愛なしにしつけることは、オイルなしで機械を動かそうとするようなものです。しばらくはうまくいっているように見えても、最後には悲惨なことになります。

しつけをめぐってこういった混乱があるので、本章ではまず、一般に広く浸透している矯正的な意味でのしつけについて焦点を合わせ、次の章で、子どもの学習を促すしつけについて見ていきます。いずれの場合も、愛の言語が子どもをしつけるうえでいかに重要であるかを探っていきます。

成熟した行動へと導く

よくいわれるしつけの定義は、親の権威を確立し、行動規範を発達させ、その行動規範に沿って生活できるよう子どもを助ける、というものです。どの時代のどの文化でも、人々は成熟した行動をとるよう期待されており、それが達成されるための方法も工夫されてきました。今日のように、子どもはしつけられなくてもいいと言いだす人が出てきたのは、二十世紀に入ってからで、ここ最近のことです。この「無干渉」という育児の方法は、子どもが何でも好き勝手にすることを許し、責任感のある幸せな子どもを育てることはできません。

歴史的に見て、どんな社会も人間を道徳的な生き物と見なしてきました。社会の中には、正しいと見なされることがらと間違っていると見なされることがらがあり、容認できる行為とできない行為があるとされてきました。場所によって実際の基準は違うものの、道徳心のない社会はありません。それぞれの社会に規範があり、規則や法律があり、倫理的な理解があるのです。個人が不道徳な歩みを選択するなら、それは自らに損害を招くものであり、社会にとっての害となります。

子どものしつけには親が大きな役割を果たします。なぜなら、その文化において一般的に受け入れられている基準を子どもに伝えるのは親だからです。赤ん坊は、自分ではどのように生きればよいか決定できません。親から決まりを教えられなければ、子どもは大人になるまで生き延びられないでしょう。乳幼児期には、親は決まりを徹底して守らせ、子どもの行動を管理しなければなりません。つまり、ジョニーが火の中にはいはいして入っていくことは絶対に許さないということです。どんなにジョニーが燃え盛る炎に興味を示し、近寄りたがったとしてもです。ジョニーが二、三歳になって一人で歩くようになれば、道路に出ていかないようしっかり見張ります。車にはねられてしまうかもしれないからです。同様に、薬や化学薬品などは、子どもの手の届かないところにしまっておかなくてはなりません。

親が完全に監督していないといけないこの乳幼児期から、それなりの自制力を持つようになるまで、親は十年以上の年月をかけて子どもを育てていきます。この成熟への道はすべての子どもが通るべきものであり、親であればその責任を受け入れなくてはなりません。それは、知恵と想像力と忍耐と深い愛を必要とするすばらしい仕事です。

しつけのための基準と方法は家庭によって違いますが、文字を持たない原始的な文化における家族の間では、あまり違いは見られません。しかし、私たちが生きる多元的西洋文化では、家庭によって相当な違いがあります。第一次世界大戦以来、アメリカ国内での意見の幅は、西洋文化圏でも最も大きなものになりました。児童発達の分野で、科学的と見なされるアプローチも生まれました。そのせいあってか、親は常識的な判断をもって育児をすることに自信を失い、「権威者」と呼ばれる人たちからの最新の意見をうのみにするようになっていきました。しかしながら、専門家であるはずのその権威者たちも、互いに矛盾するような理論を発表するのです。このおかげで、アメリカの家庭におけるしつけの標準は、すっかり意見が分かれることになりました。そういうわけで、アメリカでは人によってしつけの方法が大きく異なります。しつけについてすべてを考慮することは本書の目的から外れますが、もしこの問題についてもっと知りたい人がいれば、巻末の「もっと詳しく知りたい人のために」を参照してください。

愛としつけ

愛は他者の益を求めますが、しつけも同じです。ですから、しつけは間違いなく愛の行為です。そして、子どもが愛されていると感じていればいるほど、その子をしつけるのは容易になります。というのも、子どもが怒りや敵意や妨害（受動攻撃行動〔訳注・やるべきことの後回し、時間の浪費、効率の悪さ、強情さなど、表面的には非暴力的な行動によって抵抗・攻撃すること〕など）を示すことなしに親の指導を受け入れるためには、親の言うことに共感していないとなりません。そのためには、しつける前に子どもの愛のタンクを満タンにしておく必要があります。

子どもが親に共感しないのであれば、親の指導や命令は強制以外の何ものでもなく、疎ましいだけでしょう。極端な場合、親の指導に敵意すら覚え、親の権威、そしてやがてはあらゆる権威に対してすっかり反抗的になり、わざとその逆をするようになります。子どものこのような態度は、今やすっかり普通のものになってしまいました。

ジェイソンは十歳です。父親はセールスマンで、週に四、五日の出張があります。週末には芝刈りなど、家回りのことをします。たまに土曜日にアメフトの試合を観に行くこともあります。ジェイソンはめったに父親と顔を合わせることがありません。ジェイソンの愛の第一言語は充実した時間《クオリティ・タイム》だったので、父親に愛されていると感じることはほとんどありませんでした。

父は週の終わりに帰宅する頃には心身ともに疲れており、子どものいたずらに対する忍耐がきかなくなっていました。声を荒げて威嚇《いかく》して叱ることも少なくありませんでした。父は、叱ることはジェイソンをしつけて責任感のある大人にさせるために必要だと思っていました。しかし現実には、ジェイソンは父にしつけられることをひどく嫌がっており、父を恐れていました。父の言いつけに従おうという願いはほとんどなく、週末はできる限り父を避けて過ごすのでした。

二人のようすをちょっと見るだけでも、父の愛の欠如とジェイソンの尊敬の欠如の間につながりがあることは明らかでした。父のきついことばと怒りに満ちた口調は、ふだんから父に十分愛されていると自覚している子どもであれば受け入れることができるかもしれませんが、ジェイソンのように愛のタンクが空の状態では、自分の行動を反省するよりも、怒りや苦みばかりが出てくるのです。

もしジェイソンが父に愛されているとはっきり感じていれば、父の厳しいことばは、少なくとも父なりに自分のためを思ってのことだと理解できたでしょう。しかし、ジェイソンは愛されていると感じていないため、父に八つ当たりされているだけとしか思えないのです。ジェイソンの中では、自分は父にとってのお荷物でしかないのだという思いがどんどん膨らみ、彼の自尊心に大きな影を落としています。

親が子どもを無条件に愛することが不可欠なのは明白です。あなたがすべての愛の言語を自由に用いることができるなら、もっと十分に子どもに愛を示すことができるでしょう。どんな子どもにも、愛のタンクを満たしておくためには無条件の愛が必要なのです。それがあって初めて、しつけは効果的なものになります。親のみなさん、優先順位を間違えないでください。まずは無条件の愛を実践し、しつけはそれからです。

子どもはどのように愛するか

愛をもって子どもを効果的にしつけられるようになる前に、次の二つの問題を考えてみましょう。

1　子どもはどのように愛するのか。

2　子どもが問題のある行動をとったとき、何を必要としているのか。

まず、子どもはどのように愛するのでしょうか。子どもっぽいやり方によってです。大人は無条件に愛そうとしますが、うまくできないことも少なからずあり、そうなると、「相互返礼的な愛」と呼ばれるもので代用させてしまいます。たとえば、ジョンはマーシャに深い愛情を持っており、マーシャにも自分を愛してほしいと願っているとします。できるだけよい印象を与えようとして、ジョンは愛想よく、穏やかで、親切で、気配りもし、礼儀正しく、思いやりをもってマーシャに接しようとします。ジョンはマーシャに愛されているかわからないため、子どもっぽい行動をするようなことはせず、彼女の愛を得るために努力を惜しみません。愛を得ようとしてこのように合理的な行動をとることを、「相互返礼的な愛」と呼びます。ジョンは、自分がまず愛することによって、マーシャからも愛を得ようとしているからです。

しかし、子どもは返礼的に愛することも、無条件に愛することもしません。未熟であるため、自己中心的な方法で愛します。愛されていると感じたい、愛のタンクを満たしたいという自分のニーズには本能的に気づいていますが、親にもまた愛のタンクがあり、それも満たされる必要があるとは気づいていません。子どもの唯一の関心事は、自分の愛のタンクが満たされているかどうかです。タンクが空になってくると、必死で「私のことを愛してる？」と尋ねずにはいられなくなるのです。親がその問いかけにどう答えるかが、その後の子どもの行動を大きく左右するでしょう。子どもの問題行動の多くは、愛のタンクが空になっていることに起因するものだからです。

子どもはよい行動をすることで、親の愛情を獲得すべきだと考える人もいます。しかし、そんなことは不可能です。子どもとは生来、自分の行動によって親の愛を試すものなのです。絶えず行動で「ぼくを愛している？」と問いかけます。親が「もちろん愛しているよ」と答え、その子の愛のタンクを満たすのであれば、安心し、親の愛を試し続けようとはしません。親が子どもの行動を制御するのもずっと楽になります。しかし親が、子どもはよい行動によって親の愛を「獲得」すべきだと考えるわなに陥るなら、いつまで経っても問題行動はやまないでしょう。さらに、子どもが本当は親の愛を確認したいと願っているそのときに、私たちはわが子を愛情と敬意に欠けた問題児だと見なしてしまいます。

子どもが行動を通して「私を愛している？」と問いかけてくるとき、親にとって、その行動は嫌なものかもしれません。子どもが親の愛を何がなんでも確認したいと感じていると、その子の行動はいよいよ不適切なものになります。愛の欠如ほど、子どもを不安に駆り立てるものはないからです。しかし、親がまず愛を注いで安心させてあげなければ、子どもからよいふるまいを期待するのはお門違いです。それは、親の責任なのです。親がまず、五つの愛の言語をすべて駆使して、特にわが子に一番伝わる方法を重点的に用いつつ、愛のタンクを満たしてあげなくてはなりません。

愛をもってしつけるために私たちが問うべき二番めのことは、「子どもが問題のある行動をとったとき、その子は何を必要としているのか」です。しかし、こう問う代わりに、多くの親は、「子どもが問題のある行動をとったとき、どうやってそれを矯正できるか」と問います。このように問うのなら、当然の帰結として「罰」が出てくるでしょう。子どもを指導するためにより適切な方法を選ぶ代わりに、罰が多用される理由の一つはここにあります。真っ先に罰を与えるのなら、子どもの本当のニーズは何だったのかと考えることが難しくなります。このように扱われると、子どもは愛されていると感じなくなります。

しかし、「この子は何を必要としているのだろうか」と自問するなら、親は状況を理性的に見て、適切に応答することができます。問題行動を起こす子どもには、ニーズがあるのです。問題行動の背後にあるニーズを見落とすなら、親は正しく対処してあげられません。「子どもの行動を矯正するために、何をすればいいだろうか」と考えると、配慮の欠けた罰を与えてしまいがちです。「この子は何を必要としているのか」と問うならば、適切に状況を扱えるという自信をもって次に進むことができます。

問題行動の原因　空っぽの愛のタンク

問題行動が起きたとき、「この子は何を必要としているのだろうか」という問いの次には、「この子は愛のタンクを満たしてほしいのだろうか」と考えるといいでしょう。子どもが心から愛されていると感じているならば、しつけをすることがはるかに楽になります。空になった愛のタンクのせいで問題行動が起きているのなら、特にそうです。そのような場合、愛の言語、特にスキンシップや充実した時間《クオリティ・タイム》とアイコンタクトを念頭に置くといいでしょう。

子どもが明らかに問題のある行動をとるとき、その子がしてしまったことについては責めるべきではありません。しかし、厳しすぎるにせよ、甘すぎるにせよ、間違った対応をするなら、その子の問題行動はなくならないでしょう。そして、子どもの成長にしたがい、一層状況は悪くなるでしょう。そうです、子どもがよい行動をとれるようにしつける（訓練する）べきですが、その過程における第一歩は、罰することではありません。

小さな子どもが親の愛を求めているとき、それは明らかです。騒々しく、大人の目からはふさわしくないと思えるような行動をすることも多いでしょう。実は親と時間を過ごしたいと懇願しているのだと気づいたなら、子どもを抱きしめ、一対一で向き合ってあげましょう。相手は子どもであり、親である私たちの側に、まず彼らの愛のタンクを満たす責任があり、それから成長に向けて訓練するのだということを覚えておいてください。

そのほかの原因　身体的問題

子どもの問題行動がすべて、愛のタンクが空になっていることに起因すると考えられればいいのですが、実際にはそうではありません。ほかにも問題があるとしたら、どうすればいいでしょうか。

「この子には何が必要なのだろうか」と自問し、子どもの愛のタンクが十分に満たされていると思えるなら、今度はこう自問しましょう。「これは身体的問題だろうか？」子どもが問題行動を起こす原因として次によくあるのが、身体的問題です。子どもが小さければ小さいほど、行動は身体の状態によって左右されます。「この子はどこかが痛いのだろうか。おなかがすいているのか。のどが渇いているのか。眠いのか。疲れているのか。病気だろうか。」体調不良のせいだからといって、問題行動を見逃していいわけではありません。しかし、原因が体調にあるのなら、往々にしてすぐに問題は解決するでしょう。

深く反省する子ども、赦す親

子どもの問題行動の原因が、身体的なものではなかったとしましょう。では、次は何を問えばいいでしょうか。「子どもは、何か自分がしでかしたことについて、申し訳なかったと感じているのだろうか?」ということです。子どもが自分のやったことについて純粋に申し訳なかったと感じているなら、それ以上追及する必要はありません。すでに学び、悔い改めたのです。ここで罰を与えるなら、逆効果です。子どもが真に悪かったと思い、心からの反省を示しているのであれば、親は喜びましょう。子どもが健全な良心を持っている証拠だからです。

規則や権威者による監視がないときには、何が子ども(や大人)の行動を支配しているのでしょう。そうです、健全な良心です。普通、良心はどこから生まれるのでしょうか。罪悪感です。ある程度の罪悪感は、健全な良心の発達のために必要です。では、良心を完全にかき消してしまうものは何でしょうか。そう、罰、特に体罰です。子どもがすでに心底悪かったと感じているときに罰を与えるなら、子どもの健全な良心の発達を妨げます。その場合、罰は子どもの心にさらなる怒りと恨みをもたらします。

子どもが自分の行動について心底悪かったと感じているときは、罰を与えるのでなく、赦《ゆる》しましょう。親が赦しを実践してみせてあげるなら、子どもは赦すという貴重な教えを学ぶことになります。これは大人になってからも役に立つものです。親から赦しを経験することで、子どもは自分を赦すことを学び、さらには他者を赦すことも学びます。なんと麗しい贈り物でしょうか。自分が悪いことをしてしまったと心から反省し、それから親に赦してもらったという子どもを見たことがありますか。めったにないかもしれませんが、すばらしい経験です。子どもの心からは圧倒的な愛が流れ出します。

子どもに赦し方を教えるもう一つの方法は、あなたが子どもに対して何らかの過ちを犯したときに子どもに赦しを請うことです。それ以外にはありません。ただし、あまり頻繁であっても困ります。もし頻繁に子どもに謝らないといけないのであれば、あなたは自分の失敗から学んでいないことになります。

子どもの行動を効果的に制御する

親には、子どもに関することがらについて非常に多くの責任があり、自分でも認めたくないほどでしょう。子どもが問題のある行動を起こして、結果として叱られるというパターンを避けるために、親はどのように指導すればよいでしょうか。子どもの行動を効果的に制御するための方法が五つあります。そのうちの二つは肯定的なもので、二つは否定的、もう一つは中立です。以下の五つの項目を読みながら、あなたはこれまで、どの方法を用いて子どもの行動を規制しようとしてきたか、考えてみてください。これまでのやり方を変えようと思ったり、新しいやり方を試してみようと思うかもしれません。

1　お願いする

お願い（リクエスト）をするとは、非常に重要で、肯定的な行動の制御の方法です。子どもにとっても親にとっても有益です。お願いは子どもにとって心地よいものであり、命令されれば怒りを覚えたかもしれないところを、うまく緩和させることができます。親にとっても、お願いするほうが命令するよりも気持ちのいいものであり、先の章で言及したように「愛情深く、しかしきっぱりと」していることができます。

お願いするときには、子どもに三つの言外のメッセージを送ることになります。一つめは、子ども本人の感情を尊重しているということです。「あなたにも感情があるし、特にこの件に関するあなたの感情を尊重します」と言うのに等しいのです。二つめは、子どもにも知性があり、自分の意見を持つことができると親は認識しているというものです。「あなたにも、この件に関する意見があることを尊重します」と言っているのです。

三つめの言外のメッセージは、先の二つよりももっと優れています。お願いをするとは、親が、子どもが自分の行動に責任をとるよう期待している、と子どもに言うことになるのです。このような責任は、今日すっかり見失われています。親が子どもに機会を与えてあげさえするなら、子どもは責任感のある大人へと成長することができます。お願いをすることで、あなたは子どもが責任をとることを励まし、導いているのです。

このように育てられる子どもは、自分の人格形成に、親と共に取り組んでいると感じるようになります。このような育児は放任主義ではありません。親は親としての権威や敬意を放棄したわけではないからです。実際、子どもは一層親を尊敬するようになるでしょう。なぜなら、単に何かをしなさいと命令されているのでなく、親が自分の最善を考えることを最優先してくれているとわかるからです。

さらに、お願いは指示を与えるうえで最も適した方法です。お願いは命令よりも心地よく、思慮深く、理解があるので、子どもに指示を与えるときは、ほぼどんな場合でも用いることができます。子どもの行動を制御する他の方法では、そうはいきません。

2　命令する

時には、命令することが必要であり、適切な場合もあります。どちらにするか、選択の余地がある場合には、お願いのほうがはるかにいいのですが、子どもがお願いを聴かない場合には、命令の出番です。命令する場合は、もっときっぱり言わなければなりません。命令は否定的な支配の方法です。お願いする場合よりも、きつい口調で、語尾を下げて言うことになるからです。このような言い方は、ほぼ間違いなく、子どもにいらだちや怒りや憤りを感じさせます。特に、頻繁に用いられるなら、なおそうです。また、命令に伴う言外のメッセージは通常、否定的なものです。なすべきことを一方的に伝え、反論や意見を言う機会も与えないからです。子どもの意見や感情は、親にとって重要ではないと言っているのと同じです。何よりも、親がすべての責任を負っているのであり、実質上、「この件に関するあなたの感情も意見も関係ない。あなたに自分の行動の責任をとってもらおうとは思っていない。ただ私が言うことだけをしていればよろしい」と言っているようなものなのです。

命令、叱咤《しった》、小言、怒声といった権威を用いたやり方を用いれば用いるほど、子どもに対する支配力は弱まります。しかし、ふだんは気持ちのいいお願いを用い、時折命令するのであれば、それは効果的でしょう。

親としてのあなたの権威には限界があります。否定的な方法を用いることで親としての権威を浪費するのであれば、困難で重要な局面に差しかかったときに、もはや十分な権威が残っていないでしょう。愛情深く、しかしきっぱりとしていることは、あなたの権威を保つだけでなく、それを増長します。子どもの敬意と愛と感謝を得ることができるからです。

子どもはよく観察しています。よその親が子どもに対してどのように不快で権威的で怒りに満ちた方法を用いるか、よく見ています。あなたが子どもたちに対して愛情深く、同時にきっぱりとしているならば、子どもはあなたのような人が自分の親であることを、どれだけありがたく思い、感謝することでしょうか！

3　やんわりとした身体的操作

「やんわりとした身体的操作」は、子どもを適切な方向に向かって物理的にそっと動かすことです。これは肯定的に子どもの行動を律する二つめの方法です。これは、必ずしも悪いわけではないけれど、親が好まない行動をとりがちな幼い子どもに対して特に有効です。たとえば、何かにつけて「やだ！　だめ！」と言う二歳児にありがちな行動は、親への反抗と混同されることがよくあります。ダニーは「やだ」と言っても、親がお願いしたことはちゃんとやります。時には、ダニーが「やだ」と言ってから、実際にお願いされたことを行動に移すまでに時間がかかることもあります。親の目からは反抗的な態度をとっているように見えるかもしれませんが、そうではありません。二歳児が何かについて拒絶を示すのは、正常な発達段階の一つです。子どもが、父や母から心理的に分離し始めている表れなのです。

この「やだ、だめ」と言う能力は、実はとても重要です。小さな子どもが「やだ」と言ったからといって罰するのであれば、その子どもを傷つけるばかりか、正常な発達を直接邪魔することになります。反抗と、正常な発達段階の一つである子どもの拒絶を、どうか混同しないでください。これら二つはまったく異なるものなのです。

たとえば、三歳の娘に、自分のところに来てほしいと親が思うとします。まずはお願いするところから始め、「○○ちゃん、こっちに来てくれる？」と言います。子どもは、「やだ」と言います。すると親は今度は命令し、「今すぐこっちに来なさい」と言います。子どもは再び「やだ」と言います。この時点で、親としては子どもを罰したい思いに駆られることでしょう。しかし、そのような思いには断固として抵抗してください。子どもを傷つけかねない方法を用いる代わりに、この場合、子どもの背中に手を当ててそっと引き寄せ、こちらに来るようやんわりと促してあげてはどうでしょうか。それでも子どもが抵抗するなら、意図的に反抗している可能性もあると考え、その場合には適切に対処することができます。しかし、ほとんどの場合、子どもは決して意図的に反抗していたのではなく、ただ「やだ」と言っていたにすぎなかったとわかるでしょう。子どものことも傷つけずにすみます。

このような子どもの拒絶は、だいたい二歳になると始まります。しかし、実質上どの年齢においても、多かれ少なかれ見られるものです。このような状況にどう対処したらいいのかわからない場合、「やんわりとした身体的操作」を試してみてください。この方法は、幼い子どもが公共の場で騒ぐ場合などに、特に役立ちます。子どもに振り回されていらだつ代わりに、子どもを物理的に動かしてあげればいいのです。

4 罰

子どもの行動を律する四番めの方法は、「罰」です。これは最も否定的で、最も難しい方法です。第一に、与える罰は、子どもが行った悪さの程度に見合ったものでなければなりません。子どもとは、公平さに対して非常に敏感です。子どもは、親が与える罰が甘すぎても厳しすぎても、ちゃんと察知します。家族に複数の子どもがいる場合、それぞれの子どもに対する親の接し方が一貫していなければ、それもすぐに気づきます。

第二に、罰を与えるには適していないタイプの子どももいます。「自分の部屋にいなさい！」という罰が、非常につらく感じる子どももいれば、遊ぶ時間ができたと思うのか一向に堪《こた》えない子どももいます。第三に、親は感情的になって罰を与えてしまうことが多いので、罰にはどうしてもばらつきが出ます。親の機嫌がよく、すべてがうまくいっているときには、親は子どもの問題行動に対しても寛容になりますが、逆に機嫌の悪いとき、物事がうまくいっていないときだと厳しくなりがちなのです。

いつ、どのように罰を用いるかを決めるのは、親にとって難しいことかもしれませんが、罰を与えるべきときには適切にできるよう、準備しておくべきです。感情的になってその場限りの罰を与えてしまうことがないよう、事前によく考えておくとよいでしょう。つまり、配偶者や信頼できる友人と相談し、さまざまな状況を想定して、それにふさわしい罰を決めておくのです。このように事前に考えておけば、かっとなるようなことを子どもにされても、自分の怒りを抑制することができます。

子どもが問題行動を起こし、先に掲げたような自問を心の中で素早くし、すべての問いの答えが「ノー」であった場合（二歳児の絶えざる「やだ」も含めて）、もう一つの質問をしてみてください。「この子どもは反抗しているのだろうか？」反抗とは、親の権威に対して正面から抵抗し、挑戦してくることです。

もちろん、反抗は許されるべきではありませんし、問題行動は正されるべきです。しかし、子どもが反抗したらいつでも罰するべきというものでもないのです。そのような落とし穴にはまらないよう気をつけましょう。お願いをすることで子どもの反抗を砕くことができるならば（実際、たいていできます）、すばらしいことです。やんわりと身体的に操作することや命令が適切な場合には、それもよいでしょう。罰が必要であれば、よく注意して行ってください。この件に関してさらに知りたい方には、ロス・キャンベル著『危険に瀕する子どもたち（Kids in Danger）』をお勧めします。

最後に、子どもがまだ小さくても、ティーンになっていても、罰をしつけの主要手段にはしないでください。非常に多くの不必要な怒りを引き起こすことになります。子どもに自分の怒りを過度に抑圧させることにもなりかねません。そうすると、子どもは間接的にあなたに仕返しをするために、受動攻撃性を発達させてしまうかもしれません。（受動攻撃性については、10章で詳しく述べます。）

5　行動変容

「行動変容」もまた、子どもの行動を律することができます。行動変容では、正の強化（子どもの環境に肯定的な要素を置く）、負の強化（子どもの環境から肯定的な要素を取り去る）*、そして罰（子どもの環境に否定的な要素を置く）を用います。たとえば、正の強化なら、子どもが望ましい行動を見せたときに、お菓子や果物などの報酬をあげる、負の強化なら、子どもが望ましくない行動を見せたときに、テレビを見るのをしばらく禁じるといった具合です。罰なら、たとえば、おしおきとしてしばらく部屋に閉じ込める、などです。

＊**訳注・**著者がここで言っている「負の強化」は、正しくは「負の罰」と呼ばれるものである。正しい「負の強化」は、不快な要素を取り除くことによって望ましい行動の頻度が上がるようにすること（たとえば、食事を残さず食べるなら、食後の皿洗いはしなくてもよい、など）。「負の罰」は、著者の例にあるように、快適な要素を取り除くことによって、望ましくない行動の頻度が下がるようにすること（食事を残すなら、食後のテレビはおあずけ、など）。著者がここで「罰」と呼んでいるものは、行動心理学では「正の罰」と言う。

行動変容は、子どもが反省の色を少しも見せることなく繰り返し行う、特定の問題行動の矯正に役立ちます。しかし、私たち（著者）は、行動変容はごくたまにしか用いるべきではないと信じます。もし親がこれを頻繁に用いるならば、子どもは愛されていると感じなくなるでしょう。その第一の理由として、行動変容は条件つきの原理に基づくからです。（たとえば、親の望む行動を見せたときだけ報酬を与える、というように。）第二に、行動変容は子どもの感情や精神的ニーズを考慮に入れず、無条件の愛を伝えることができません。もし親が子どものふるまいをもっぱら行動変容によって支配しようとするなら、子どもの価値観はゆがみ、報酬がなければ何もしない子になってしまうかもしれません。その後に続くのは、「それをすれば、ぼくにどんないいことがあるの？」という精神構造です。

行動変容に関するもう一つの問題は、それを乱用すると、今度は子どもも同じことを親に向かってするようになるということです。親を満足させることを行って、自分が欲しいものを手に入れようとするのです。これでは操作を生みます。

こんなにいろいろ注意点があるならば、なぜ著者はこの方法に言及するのかと思うかもしれませんね。先にも述べたように、反抗的な子どもが見せる特定の行動に対処するには、この方法が役立つこともあるのです。しかし、報酬を与えるやり方というのは、適切に施行できるようになるためには時間がかかりますし、一貫性、努力、忍耐も必要です。

子どもの愛の第一言語を用いてしつけをする

しつけは、愛がある中で行われるときに最もその効力を発揮します。ですから、しつけをするときには、その前後で意識して愛情表現をするとよいでしょう。子どもの愛の言語を用いるなら、最も効果的に愛情を伝えることができることはすでに述べました。たとえ子どもを矯正したり、罰したりするときでも、愛の言語を語りましょう。

ラリーは電気技師で、とても緻密《ちみつ》な性格でした。彼が子育てを始めた頃は、厳しく、淡々とした事務的な方法でしつけていました。しかし、五つの愛の言語を学んでからは、息子の愛の言語はスキンシップだと気づき、その発見をしつけにも適用するようになりました。ラリーは次のように語ります。

「ケビンが裏庭で野球をしていて、近所の家の窓ガラスを割ってしまったことがありました。裏庭での野球は、わが家では禁じられています。うちのすぐそばに野球場のある公園がありますし、裏庭での野球は危険だからです。ケビンとも、そのことは何度も話していました。しかしこの日、ケビンが裏庭で打ったボールが隣人の家の窓を壊し、うちに電話がかかってきたのです。

帰宅後、私は穏やかにケビンの部屋に行きました。ケビンはパソコンを使っていました。私はケビンの背後に近づき、肩をしばらくさすりました。一〜二分するとケビンは振り返り、私の顔を見ました。『立ってごらん。ハグがしたいんだ。』私はそう言うと、息子を抱きしめました。そして抱きしめながら言いました。『父さんもつらいのだが、しなくちゃいけないことがある。だが、父さんがおまえのことを何よりも愛していると、お前にちゃんとわかっていてほしい。』

私はしばらくの間、そのままずっと息子を抱きしめました。それから腕を緩め、息子に言いました。『スコットさんの家の窓のことを、母さんから聞いたよ。わざとじゃなかったのはわかっているが、裏庭で野球をしてはいけないことは、おまえもよく知っていたはずだ。決まりを破ったのだから、父さんはおまえをしつけないといけない。父さんにとってもつらいことだが、おまえのためなんだよ。いいね、これから二週間、野球は一切禁止だ。それから、スコットさんの家の窓の弁償は、おまえがしなさい。明日窓屋に電話して、いくらかかるか聞くから。』

それから、もう一度ケビンを抱きしめました。息子も、私の涙が伝い落ちてくるのを感じたことでしょう。私は言いました。『愛しているよ、ケビン。』息子も言いました。『ぼくも、父さんを愛してるよ。』私は、適切に対応したという満足感を持って息子の部屋を後にしました。

しつけの前後に私の愛を子どもにはっきり伝えてあげることができて、私もずっと安心できました。息子の愛の第一言語はスキンシップであるとわかっていたので、息子は肯定的にこのしつけを受け止めてくれたと思います。以前の私は、怒りに任せてしつけをし、きついことばを放ち、時にはかっとなってスパンク（訳注・しつけのためにお尻をたたくこと）したこともありました。しかし今ではもっとよい方法でしつけられるようになり、神に感謝しています。」

もし、ケビンの愛の言語が肯定的なことばであったなら、ラリーは次のようにしていたかもしれません。「ケビン、少し話があるんだ。父さんがどれだけおまえを愛し、学校で頑張ってよく勉強していることを誇りに思っているか、わかっているね。学校から帰ってきたら、息抜きしたくなるのはよくわかる。それに、おまえは野球が大好きだしな。おまえはふだんは家の決まりをよく守っているし、父さんもうれしく思っているよ。おまえをしつけないといけないようなことはめったにないからね。父さんが言おうとしているのは、今回起きたことは、たまたまこうなってしまったというもので、おまえらしくないということだ。そのことはありがたいと思う。

スコットさんが、今日母さんに電話してきたことは知っているだろう。スコットさんは、おまえが打ったボールが当たって窓が壊れたと言っている。わざとではなかったろうが、裏庭で野球をしてはいけないとわかっていたはずだ。父さんもつらいが、ルールを破ったのだから、何らかの処置をしないといけない。いいね、次の二週間、野球は一切禁止だ。それから、スコットさんの家の窓の弁償は、おまえがしなさい。明日窓屋に電話して、いくらかかるか聞くから。

父さんは怒っているわけじゃないんだよ。わかるね？　おまえが窓を壊そうとしてやったんじゃないことはわかっているし、深く考えずにちょっと庭で遊んでいただけなんだろう。おまえのことは心から愛しているし、とても誇りに思っている。今回のことは、よい教訓になると信じているよ。」この父子の会話は最後はハグで終わるかもしれませんが、ここではしつけの前後の肯定的なことばを通して愛が表現されています。

子どもの愛の第一言語を用いるとは、他の愛の言語は使わないという意味ではありません。一番子どもにわかりやすい方法を中心的に用いるということです。子どもに愛を表現するのだと意識していれば、しつけのしかたについても注意深くなることでしょう。

子どもの愛の言語を尊重する

子どもの愛の第一言語を理解すれば、しつけをするときも最も効果的な方法を選びやすくなります。まず、子どもの愛の第一言語に直接関係するものをしつけに用いるのは、できるだけ避けましょう。それをしつけの方法に選ばないことで、子どもの愛の言語を尊重するのです。そのようなしつけは願わしい効果を生まないばかりか、子どもの心に非常に大きな痛みを与えかねません。子どもの愛の言語を用いてしつけるならば、愛の矯正よりも拒絶を感じて子どもは傷つくのです。

たとえば、あなたの子どもの愛の言語が肯定的なことばだとしましょう。そして、しつけるためにあなたが子どもを責めるようなことを言ったとします。あなたのことばが伝えるメッセージは、子どもの問題行動を喜んでいないということだけでなく、子ども本人のことも愛していないというものになってしまいます。批判的なことばはどの子どもにとってもつらいですが、この子どもにとっては、感情的なダメージが非常に大きいものとなります。十六歳のベンは、大声を上げて意地悪な言い方をする父親のしつけの方法に言及しつつ、自分は父親に愛されていないと私たちに語ってくれました。「父が間違っていると思うことをたまたまぼくがやってしまうと、父は何時間でも怒鳴り続けるのです。父がぼくに、『おまえが本当に父さんの息子なのか、わからなくなった。父さんの息子なら、そんなひどいことをするはずがない』と言ったときのことを今でも覚えています。ぼくも、自分が本当に父の息子なのかわかりません。確かなのは、少なくとも父に愛されていないということだけです。」

ベンがさらに続けるには、自分の愛の第一言語は肯定的なことばであることがやがてわかったそうです。ベンの行動に対する不満を父親がことばを使って表現したとき、ベンはもはや父に愛されていると感じられなくなってしまったのです。

気をつけましょう。あなたの娘の愛の言語が充実した時間《クオリティ・タイム》であるなら、子どもが問題行動を起こすたびに部屋で謹慎させるといった、孤立させることによるしつけは避けたほうが賢明です。子どもの愛の言語がスキンシップであれば、罰としてハグを控えたりしないでください。

エリックは、スキンシップを愛の第一言語とする十歳の少年です。エリックは母親に後ろから近づいて抱きついたり、肩をもんだりするのが好きでした。母親もそういうことが好きだったので、いつもスキンシップをしてエリックに愛を示していました。一方父親は、たたいて子どもをしつける家庭に育ったので、エリックをしつけるときもスパンクを用いていました。決して皮膚が裂けたりはれあがるほど乱暴な打ち方だったわけではありません。しかし、エリックはスパンクされるたびに、三時間は泣きました。父親は、自分でも気づかぬままにエリックの愛の言語であるスキンシップを否定的に用いていたのです。結果として、エリックは罰せられていると感じるだけでなく、愛されてもいないと感じるようになりました。父親は、スパンクのあと、一度もハグしたことがありませんでした。彼のしつけの方針からすれば、スパンクのあとにハグするのでは、矛盾していると思ったからです。

エリックの父親は、一生懸命息子をしつけようと努力していました。しかし、そのやり方が息子の気持ちを自分からどれだけ引き離していたか、気づいていなかったのです。しつけの目的とは、間違った行動を矯正することであり、子どもがやがて自分で自分を律することができるようになるよう、助けることです。もし、子どもに愛を伝えることなしに矯正しようとするならば、子どもはしつけをされることによって、親の愛が感じられなくなってしまいます。子どもの愛の第一言語を理解するならば、しつけはもっとずっと効果的になるでしょう。

第9章　学習と愛の言語

親ほど子どもにとって重要な第一の教師はいません。研究者は今や、子どもの学習能力を刺激するために最適な年齢は六歳までだということで一致を見ています。ハーバード就学前教育プロジェクトの創設者であり責任者のバートン・ホワイト博士は、「人が自分の能力を最大限に発達させるためには、人生の最初の三年間に一流の教育経験が必要であるように見受けられる」と言っています。[1] 社会学者も教育学者も、このような幼少時の刺激が後の学習能力を高めるものだと確信し、少数民族の子どもや恵まれない環境の子どもたちのための小学校入学前のプログラムを開発しました。このプログラムは、子どもがふだんの家庭やコミュニティーでの生活では得られないような刺激を与えるようになっています。

そうです。私たち親こそ、一番の教師です。そして、教育にとって何よりの助けとなるのはしつけです。愛をもって適切なしつけがなされるなら、学習は促進されます。8章では、成熟に導く手段としてのしつけについて述べましたが、ここでは、しつけのもう一つの側面である子どもへの教育について見ていきましょう。真のしつけは、子どもにとって生涯の財産となる知性と人間関係におけるスキルを発達させるのに役立ちます。

近年になって注目されるようになってきた早期教育の重要性は、子どもの知的発達における親のかけがえのない役割を強調します。幼い子どもに、親が自ら正式な教育を施さなければならないという意味ではありません。子どもが持って生まれた学習や探索への意欲を理解し、感覚的な刺激や楽しい学習体験という日々発達している子どもの脳の切実なニーズを満たしてあげるべきだということです。

多くの親は子どもが夢中になって遊ぶのを見ると、学習は学校に上がってからでいいと思ってしまいます。しかし、小さな子どもも学習は大好きなのです。子どもは学習への渇望を持って生まれるものであり、大人が退屈させたり、スパンクしたり、特訓したり、萎《な》えさせたりしない限り、その渇望はやむことがありません。乳幼児を注意深く観察すると、彼らがやっていることのほとんどは単なる子どもの遊びではないことに気づくでしょう。むしろ、新しい技能を学ぼうと努力しているのです。あおむけからうつ伏せの状態になることや、はいはいすることであれ、つかまり立ちや歩くことであれ、どれもそうです。自分の周りの世界を触り、感じ、味わっているのです。

子どもが話せるようになると、彼らの思いは疑問でいっぱいになります。三〜四歳児は、毎日何十もの質問をします。子どもがごっこ遊びをするようになり、大人の真似をし始めると、大人が遊んでいるところなどはまず真似しません。むしろ、大人が仕事をするようすを真似します。皿洗い、トラックの運転、医者や看護師、赤ん坊の世話や食事の支度をするところ、などといった具合です。子どもの一日を観察し、どんな活動を一番喜んでいただろうか、どんなことに一番集中していただろうかと考えるなら、それは新しいことを学べるような活動だったと気づくでしょう。

家庭での学習

理想的には、子どもの初期の知的発達は家庭で起こるべきです。子どもは五感を通して人生を見いだしていきます。家庭環境に視覚、聴覚、触覚、味覚、嗅覚などの刺激が豊かにあると、子どもの発見と学習への自然な願いが満たされます。言語発達も、子どもが初期の頃に大人から受け取る言語刺激が大きな役割を果たします。このように、子どもに話しかけ、ことばを出すよう励ますことは、子どもが本来持っている学習への意欲とうまく合致するのです。ことばを出そうとしている子どもを励まし、正しいことばの使い方を促すようなフィードバックを与えることは、この過程に不可欠です。このような豊かな言語環境の中で、子どもの語彙《ごい》は増え、文章を使って話す能力が発達します。そして後には、このスキルを用いて感情や思考、願いを表現することを学びます。

これは言語発達だけでなく、他のすべての知的成長の分野においてもいえます。もし、家庭でこのような基本的な知的刺激が与えられないと、子どもは将来、うまく学習できなくなる可能性があります。そして、教育面での発達もあまり期待できなくなるでしょう。子どもの知的発達を促す刺激の少ない家庭環境を補うために、学校ができることは、ほんのわずかしかありません。

快適な環境と親の態度は、子どもが家庭で学習するのを促します。子どもは認知的である以上に感情的なので、事実よりも感情をよりよく記憶します。つまり、出来事の細かいことがらよりも、そのとき自分がどう感じたかのほうがよく思い出せるということです。たとえば、物語を聞いた子どもは、その内容についてはすっかり忘れてしまった後でも、そのとき自分がどう感じたかははっきり覚えているでしょう。

同様に、学んだことの詳細は忘れても、教えてくれた先生のことはよく覚えているかもしれません。つまり、あなたが子どもを教えるときも、子どもを尊重し、優しく扱い、子どもに関心を寄せるべきだということです。子どもが自信を持てるようにし、子どものことを決して批判したり辱めたりしないとわからせてあげてください。学習の状況が退屈だったり、質が低かったりすると、教えられているものがどんなにすばらしくても、子どもはそれを受け入れないかもしれません。特に道徳や倫理に関することはそうです。親が子どもを尊重するなら、子どもも親や親の考え方を尊重するでしょう。

子どもの学習の鍵となるのは、あなたです。乳幼児の頃に始まり、学校教育を受ける長い年月の間も、ずっとそうです。学習とは、多くの要因によって左右される複雑な技能です。その中でも最も影響力を持つのが、親の全力を傾けたかかわりなのです。

情緒的成長を助ける

子どもの学習能力について、ぜひ知っておくべき重要なことはこれです。「子どもがどの年齢においてもよく学習できるためには、その年齢にふさわしい情緒的成熟に到達していなければならない。」成長するにつれ、複数の要因のために子どもの学習能力も上がりますが、その中でも最も重要なのが子どもの情緒的成熟度です。子どもが情緒的に成熟していればいるほど、その子はよりよく学習することができます。そして子どもの情緒的成長には、親が一番の影響力を持ちます。

もちろん、学習に問題があるときはすべて親のせいだというのではありません。ほかにも影響力を持つ要因はたくさんあります。しかし、情緒的発達は子どもの学習準備性《レディネス》や学習過程に非常に大きな違いをもたらすのです。そして、この点において、親は何ものにも代えがたい役割を果たすことができます。子どもの心のタンクを絶えず満たし続けることで、学習ポンプを整えることができるのです。

スキンシップ、肯定的なことば、充実した時間《クオリティ・タイム》、贈り物、尽くす行為といった、五つの愛の言語で絶えず子どもに語りかけるなら、それは子どもにたくさんの知的な刺激を与えることにもなります。幼少時代、まだどれが子どもの愛の第一言語なのかわからないうちは、どの言語もまんべんなく用いましょう。そうすることで、愛を必要とする子どもの情緒的ニーズを満たすだけでなく、子どものうちから表れつつあるさまざまな興味を発達させるのに必要な身体的・知的刺激を与えているのです。焦点は愛することですが、同時に子どもを教え、訓練していることにもなります。

五つの愛の言語を用いて意識的に子どもに愛を表現することなく、ただ衣食住と安全の必要だけを満たしている親は、知的・社会的発達に必要な刺激のある環境を与えていないことになります。子どもの身体は成長しますが、知的・社会的発達は妨げられます。親の愛と受容に飢えている子どもは、幼児期や後に学校に上がってから、学習への意欲や動機をほとんど持てません。親子間の温かく愛に満ちた関係は、子どもの健全な自尊心と学習への意欲の主要な基礎となるのです。

情緒的な発達が遅れることもあるとは、ほとんどの親は知りません。しかし、追いつけなくなるほどに情緒的な発達が遅れることが、確かにあるのです。なんという悲劇でしょう。子どもの情緒的成熟は他のすべての側面にも影響します。自尊心、情緒面での安定、ストレスや困難に対処する力、人間関係を築く力、そして学習する能力などです。

おそらく、両親の別居や離婚ほど、愛と学習の間のつながりがはっきり表れるときはないでしょう。この衝撃的な別離によって子どもの心のタンクには亀裂が入り、学習への興味が流れ出してしまいます。子どもは愛の代わりに混乱と恐れを経験し、それはどちらも学習の足を引っ張ります。親が離婚すると、たいていの場合、最初の数か月は学習への興味が低下し、生活の中で何らかの安全と愛の確信が得られるようになるまでは、それが続きます。悲しいことに、それがいつまでも回復しない子どもたちもいます。

親である私たちは、子どもの人生に多大なる影響力を持っています。あなたがシングルペアレントだとしても、子どもの愛の言語を練習することで、子どもの安心感を回復させることは可能です。(前妻や前夫の手伝いがあれば、なおよいでしょう。)いいですか、親(そして他の何人かの近い大人）には子どもの愛のタンクを満たし、本来の子どもの成長と成熟を促すことができるのだということを忘れないでください。愛のタンクが満たされていればこそ、子どもは学習においても一歩ずつ次のステップに進むために必要な情緒的発達を遂げることができるのです。

深くかかわる親、かかわらない親

元アメリカ合衆国教育省長官リチャード・ライリーは、「アメリカの教育改善に欠けているのは親である」と言いました。[2] 実際、子どもの読解力を測る一九九六年の研究によると、親が学校に積極的にかかわっている子どもは、そうでない親の子どもよりも、有意に高い点数を取っていました。しかし、合衆国全体で見るならば、テスト結果は決してよいとはいえません。「アメリカの高校卒業者は、先進工業国の中で最も学力が低い」のです。しかも、「これは能力の問題ではなく、態度や努力の問題である」と、テンプル大学の心理学教授ローレンス・スタインバーグ博士は、著書『教室を超えて――なぜ学校改革は失敗に終わったのか。親は何をすべきか（Beyond the Classroom: Why school Reform Has Failed and What Parents Need to Do）』の中で言っています。[3] スタインバーグ博士は、これは子どもにとっても親にとっても、教育に対する抗議であり、権威に対する反逆だと言います。

不十分なかかわり

スタインバーグ博士は、二万人以上の生徒を調査し、驚くべき事実を発見しました。高校生の三分の二が、親と毎日は口をきいていないのです。半数の生徒は、C（訳注・5段階評価の3）かそれ以下の成績を持ち帰っても、親は何も言わないと言います。三分の一の生徒は、親は自分が学校で何をしているか「まったく知らない」と言います。他の三分の一の生徒は、学校では「ブラブラしているだけ」だと認めています。

薬物に関する態度を、親とティーンの両方に同時に聞いた初めての全国規模の調査からは、さらにがっかりするような結果が出ています。一九九六年になされたその調査によると、自分がティーンの頃にマリファナを試してみた団塊の世代の親たちの三分の二が、子どもも同じことをするだろうと思っており、さらに自分には子どもの薬物使用を止めるような影響力はほとんどないと思っているのです。[4] コロンビア大学の全米薬物常習乱用センターのジョセフ・カリファノは、親の態度について次のように言いました。「団塊の世代の親たちが、子どもの薬物の使用に関してどっちつかずであきらめたような態度を持っていることは、非常に嘆かわしい。親は激怒すべきである。それなのに、親たちは自分にできることは何もないなどと言っている。[5]」

調査に参加した約半数の親が、自分の子どもはいずれ非合法の薬物を試してみることがあるかもしれないと答えました。こういった親たちは、薬物がどれだけ子どもの学習能力を傷つけるものか、考えたことがないのでしょうか。まず、薬物は子どもの成熟過程を遅延させます。情緒的にも知的にも社会的にも、発達が遅れたり阻まれたりするということです。大部分において親の無関心のゆえに、ティーンの薬物使用は増加しています。一九九二年から一九九五年の間だけでも七十八％増加したと米国保健福祉省が報告しています。[6]自分には何もできることがないと思っている親は、自分がわが子の人生にどれだけ多大な影響を与えうるのか、よく理解する必要があります。

このような反権威的態度や行動は、二つのこと、すなわち「空っぽの愛のタンク」と「成熟した方法で怒りに対処する訓練の欠如」によって引き起こされます。これらのことがらは、子どもの学習能力と自然に抵触します。学習に影響を与える最も困った行動は、受動攻撃行動です。自分に期待されていることとは正反対のことをしようという無意識の決意によって、子どもの学校での学習態度は、無意識ながらも意図的に低迷したものとなります。

親である私たちは、子どもの心のタンクをいつも満タンにし、怒りにどのように対処したらよいのかを教えてあげなくてはなりません。愛と訓練において必要としているものを親が与えてあげるなら、子どもはよい人生を送るようになるでしょう。親の関与が子どもの学習能力を向上させ、学校をはじめ、生活のほとんどの領域においてよい成果を上げるようになると、多くの研究が示しています。

父親の関与

子どもの発達における父親の役割に、近年多くの注意が向けられるようになってきました。ある十一年越しの研究では、父親が子どもの生活に深くかかわればかかわるほど、子どもの非行は減り、より高次の教育を得るようになるとの結果が出ました。子どもが自分の義務を怠っていれば叱られますが、そもそも父親のほうが子どもとの関係において自分の義務を怠っているのです。

ノースキャロライナ大学の社会学者キャサリーン・M・ハリスは、五百八十四件の家族を対象に、子どもが七～十一歳のときから十八～二十二歳になるまでの父親の子どもへのかかわりと、子どもの学歴の関係について調査しました。これによると、子どもが父親と過ごす時間が長いほど、子どもの学歴は高くなるという結果が出ました。また、子どもと父親との感情的つながりが強いほど、子どもは非行行動に走る可能性が下がりました。[7]

子どもに必要な愛を与えたいと願っているならば、五つの愛の言語を駆使して心のタンクを満たすために、しっかりと子どもと時間を過ごしましょう。学習能力をはじめ、あらゆる面での子どもの成功の鍵を握っているのは親であるあなたなのです。しかも、親には、家族外の人にはない利点があります。自分の子どものことを一番よく知り、理解し、子どものニーズを満たすことのできる立場にいるからです。

不安を抱える子どもを助ける

情緒的に安定している子どもは、自分の能力を最大限に生かすための集中力や動機、活力を持つようになります。反対に、不安や憂うつを抱えて悩んでいたり、愛されていないと感じていると、子どもは集中力や持続力に欠け、活力レベルも下がるでしょう。目の前の学業に心を向け続けることが難しくなります。勉強はつまらないことのように思え、自分自身や自分の感情的ニーズにばかり心が奪われ、学習能力にも悪影響が出ます。

この不安が続くと、子どもが新しい学習経験（特に学習内容の難易度が上がったり、大きな変化があるときなど）をするときに、それが明確になります。このような学習に関連した不安は、小学三年生から四年生に進級する子どもに多く見られます。三年生から四年生にかけては、往々にして学習内容も教え方も変わるものだからです。たとえば、これまでは具体的な事象について学んでいたのが、抽象的なことがらを取り扱うようになります。前者は、メリーランド州の州都はボルティモアであるというような単なる「事実」を扱い、後者は、概念や考えを表象することばなどを用いてより象徴的になります。具体的な思考から抽象的な思考に移行するのは大きなステップであり、どの子どももすぐに習得できるとはかぎりません。

スムーズにこの移行ができないと、子どもは多くの点で苦労するようになります。まず、学習内容を完全に理解することができません。そうすると、自分が落ちこぼれているように感じ、他の生徒よりも劣るように思えて自尊心が傷つきます。これが迅速に正されなければ、うつやさらなる不安に悩まされるようになり、自分は敗者だと思うようになるかもしれません。四年生への進級は、子どもの学習面における移行の中でも最も重要な時期の一つであるため、親は特に注意しておくとよいでしょう。

こういった重要な時期において、子どもに大きな違いを生むのは彼らの情緒的成熟度です。ここでいう情緒的成熟度とは、自分の不安を制御し、ストレスに耐え、変化の時期にもバランスを維持する能力です。これらの能力に長《た》けているほど、よりよく学習できます。子どもの情緒的成熟を助け、年齢に応じた学習意欲を維持させるためには、子どもの愛のタンクを満たし続けることが一番です。

子どもが示す不安のしるしの一つは、「目を合わせられない」ことです。過度に不安を抱えている子どもは、相手が大人でも友達でも、他者に接近できません。感情的に飢えている子どもは、最も単純な意思疎通ですらうまくできないのです。日々の学習は、どうしてもこの緊張と不安によって影響されることになります。

アイコンタクトやスキンシップを含む方法で先生から特別な注意を向けてもらうことで、この問題が軽減する子どももいます。先生のおかげで感情的なニーズが満たされ、それによって恐れや不安が軽減し、安心感や自信が増加するのです。そうなると、この子どもたちは学習することができます。もちろん、こういったニーズが家庭で愛に満ちた親によって満たされることのほうがはるかに望ましいのは、いうまでもありません。

子どもにやる気を起こさせる

親からよく、「どうすれば子どもにやる気を起こさせることができるでしょうか」と聞かれます。子どもにやる気を起こさせるためには、子どもの愛のタンクを満たし、怒りをうまく制御できるよう訓練することが第一です。この基本的な二点ができていないと、子どもにやる気を起こさせる方法を理解することはまず不可能でしょう。（怒りと受動攻撃性については、次章で詳しく述べます。）子どもが純粋に愛され、大切にされていると感じるのでない限り、子どもにやる気を起こさせるのは非常に困難です。子どもが親のことばに納得して、その指導に従いたいと自ら願う必要があるからです。子どもの愛のタンクが空であれば、受動攻撃行動に陥り、そうなれば親の願いとは正反対のことになってしまいます。

子どもに意欲を起こさせるための鍵は、自分の行動の責任を自分でとらせることです。こういった責任感を持たない、あるいは持てない子どもは、意欲を起こすこともできません。自分自身の責任をとれる子どもは、意欲のある子どもです。

子どもの興味を励ます

子どもに責任感を持たせ、やる気を促す方法は二つあります。一つめは、子どもが興味を持っていることがらについて後押ししてあげることです。そのためにはまず、どんなことに興味を持っているか、何をするのが好きでどんなことを楽しんでいるか、注意深く観察しましょう。たとえば、子どもが音楽に興味を示しているようなら、それを奨励してあげます。ここで大切なのは、子どもに主導権を与えることです。親が強引に子どもに音楽のレッスンを受けさせようとしても、たいていはうまくいきません。

子どもに責任をとらせる

子どもにやる気を起こさせるよう促す二つめの方法は、親と子どもが同じことがらについて同時に責任を負うことはできないと覚えておくことです。親が一歩下がって子どもに主導権を握らせるなら、責任を持つのは自分なので、子どもはやる気を起こすでしょう。もし親が主導権を握って、子どもに何かをさせるよう強引に勧めるなら、あなたがその責任を負うことになります。その場合、子どもは自分からは動こうとしません。

これを宿題と成績に当てはめてみましょう。ほとんどの子どもは宿題をやりたがらなくなる時期を通ります。受動攻撃行動が見られる場合、特にそうです。ただし、十三歳から十五歳くらいの子どもの場合は、ある程度の受動攻撃行動は普通です。

受動攻撃行動は、非常に親の神経に障ります。親が一番いらだつことがらを直撃するからです。たいていの家庭では、親が一番気にするのは子どもの成績でしょう。ということは、親が宿題や成績を問題にすればするほど、子どもはそこを目がけて受動攻撃行動を起こすのです。親が学校の成績を重視すればするほど、子どもはますます抵抗するでしょう。宿題に関して親が介入しすぎると、子どもはそれを自分の責任として受け止めなくなるということを忘れてはいけません。そして、宿題をすることについて子どもが負う責任が少なければ少ないほど、子どもはそれだけ意欲も持たなくなるのです。

子どもが責任感と高い意欲を持つようになってほしいと願うなら、宿題は子どもの責任であって親の責任ではないということを認識しなくてはなりません。どのようにそうするのでしょうか。まず、もし求めるなら、親は喜んで助けてあげるつもりだと子どもに伝えます。しかし、子どもに責任を持ってほしいと思っているのですから、たとえ助けを求めてきても、間違っても親が代わりにやってあげてはいけません。実際に行動するのは子どもです。

たとえば、息子に数学の宿題があるとします。あなたが代わりに解いてあげてはいけません。そうではなく、数学の教科書を見て、その問題に関する解説がどこに出ているのかを指し示してあげるのです。そして教科書を子どもの手に返し、自分で解くよう促します。子どもはやがて、もっと自分で責任を持つよう学ぶでしょう。学校の先生が十分に説明していないようだと感じるときは、子どもに、次の日先生に尋ねるように言うといいでしょう。

もちろん、子どもが混乱している箇所を説明してあげたり、さらなる情報をあげるべき場合もあるでしょう。子どもの責任をあなたが肩代わりするのでなければ、それでもかまいません。もしこれまで、あなたが子どもの宿題に首を突っ込みすぎていたようであれば、少しずつ手を引いて、もっと本人に責任を持たせるようにしましょう。一時的に成績は下がるかもしれませんが、責任を持って自分のことは自分でできるようになるなら、そのほうがはるかに価値のあることです。この方法を続けていけば、子どもはいずれ、それほど手伝いを必要としなくなります。そうすれば、学校の勉強以外で、あなたと子どもの両方にとって興味のある別のことがらについて、一緒に探究するための時間も持てるようになります。

子どもが自ら主導権を握り、自分のことについては自分で責任を持つようにすることで子どもの意欲を高めることは、今日、うまく隠された秘密であるかのようです。ほとんどの子どもは、親や教師の主導権のもとに置かれ、学習の責任を自分で負わないですむような状態にあります。子どものためを思えばこそ、大人はそうしているのでしょう。しかし、大人が主導権をとって責任を負ってあげれば、子どもはもっとよく学習できるだろうというのは間違いです。実際、これは重大な過ちです。

子どもの愛の言語を用いる

子どもは、親の愛を確実に感じているときにこそ学習意欲が高まり、学校でもうまくやれるようになります。わが子の愛の第一言語を理解していれば、子どもが朝学校に行くときや帰宅するときに愛の言語を語り、子どもたちの日々の体験を豊かにしてあげることができます。就学児にとって、朝学校に行くときと午後帰宅したときというのは、重要な時間帯なのです。家を出るときと戻るときに、親から愛情をこめて触れてもらうなら、子どもは自分を待ち構えるその日の出来事に、安心感と勇気をもって立ち向かうことができるでしょう。

リー・アンは九歳です。リー・アンの母親は五つの愛の言語について学んでから、日々の行動にいくつか変更を加えました。そして、このように報告してくれました。「リー・アンがどれだけ変わったか、信じられないほどです。愛の言語について学んで、リー・アンの第一言語は尽くす行為だと発見してからも、それを実践することが娘の学校生活にまで役立つとは考えもしませんでした。しかし私のある友人は、子どもが学校に行く前と帰ってきてから、子どもの愛の言語を用いるようにしていると聞き、私も試してみたのです。その効果は目を見張るばかりでした。

わが家の朝は、いつもかなり慌ただしく、夫は七時に家を出て、リー・アンのスクールバスは七時半に来ます。そして私は、七時五十分にパートの仕事に出ます。私たちはみな、朝は自分のことに忙しく、唯一意味のあるやりとりといえば、家を出るときに声をかけ合う程度でした。」

リー・アンにとって尽くす行為が大切だと学んだ母親は、「朝、お母さんに何かをしてもらうとしたら、何がいい？　何をしてもらったら、もっと楽しく、うれしくなる？」と娘に聞いてみました。娘は、「朝ご飯を作ってくれたらすごくうれしいな。自分で器やスプーンを出して、シリアルとミルクとバナナを入れるのって、すごく大変なの。もしお母さんが朝ご飯を全部テーブルの上に出してくれて、私は座って食べるだけだとしたら、とってもうれしい」と答えました。リー・アンの母親はそのリクエストに驚きましたが、そうしてあげることにしました。次の朝から、早速朝食がテーブルに用意されるようになりました。

「娘の朝の態度は、たちまちにして変わりました。ほとんど毎朝『ありがとう』と言ってくれるんですよ。そして、学校に行くときも、これまでよりも機嫌がいいようでした。

三日後、私は娘が帰宅したときにも、『尽くす行為』を実践してみました。まず、クッキーを焼きました。娘が帰宅してかばんを置いたとき、こう言いました。『リー・アン、クッキーを焼いておいてあげたわよ。食べて少しのんびりする?』それからミルクを入れて、一緒に座り、娘の学校での話を聞きました。次の日は、娘に一週間前から頼まれていたスカートの裾あげをしてあげました。そして娘が帰宅すると、『スカートの裾あげをしたわよ。丈が合っているか、試着してみる?』と言いました。娘が試着したとき、『ぴったりね』と言うと、『ママ、裾あげしてくれてありがとう』とうれしそうに言ってくれました。

私はリー・アンのリクエストによく注意しながら耳を傾けるようにし、その一つ一つをノートに書き留めました。そうすれば、娘に愛情を示すためにはどうするのがいいか、見えてくるだろうと思ったからです。おやつを用意して、週に何度か一緒に時間を過ごすのが彼女のお気に入りとなりました。

これを四か月前から始めましたが、私が気づいた一番大きな変化は、学校のことについて話すとき、娘の話の内容が以前よりもずっとポジティブになったことです。どうも、学校での生活も楽しくなったようで、学習意欲も高まったように見えます。それに、私たちの関係もより親密になったように思います。」

リー・アンの愛の第一言語がスキンシップだったなら、毎朝出かけるときに愛情をこめたハグとキスで送り出し、帰宅のときには両腕を広げて迎えてあげることで、同様の目的を果たせたことでしょう。もちろん、クッキーとミルクも喜ぶでしょうが。

もしかすると、子どもの帰宅の時間にあなたは家にいてあげられないかもしれませんね。その場合は、あなたが帰宅するときに、子どもに心をこめて愛情表現するのがよいでしょう。朝、家を出るときと、夜帰宅するときに、子どもの愛の第一言語を話すなら、それは一日のうちでもっとも意味のある行動をしていることになります。それは、子どもの学習意欲にもきっとよい影響を持つでしょう。

注

1 Burton L. White, *The Origins of Human Competence* (Lexington, Mass.: D.C. Heath and Company, 1979), 31.

2 Jennifer Braun, "Parents Make for Kids Who Read Better," *Chattanooga Times*, 18 June 1996, A10.

3 Laurence Steinberg with B. Bradford Brown and Sanford M. Dornbusch, *Beyond the Classroom: Why School Reform Has Failed and What Parents Need to Do* (New York: Simon & Shuster, 1996), 183-84.

4 Lauran Neergaard, "Teens Expected to Try Drugs," *Chattanooga Times*, 10 September 1996, A1.

5 同右

6 Tim Friend, "Teen Use of Drugs Rises 78%," *USA Today*, 20 August 1996, A1.

7 Marilyn Elias, "Teens Do Better When Dads Are More Involved," *USA Today*, 22 August 1996, D1.

第10章　怒りと愛

怒りと愛。あまり認めたがる人はいないかもしれませんが、実はこの二つは密接にかかわっています。私たちは、自分が愛する人に対しても怒ります。愛について書かれた本の中に怒りに関する章を見つけて、あなたは驚いているかもしれませんね。しかし、現実には、人は愛と怒りを同時に感じることがよくあるものなのです。

家庭生活の中で、怒りは一番厄介な感情です。結婚に不和をもたらしたり、ことばや暴力で子どもを虐待したりすることもあります。社会におけるほとんどの問題の根底にあるのは、正しく取り扱われていない怒りです。しかし、私たちの生活の中でも子育てにおいても、怒りがまっとうな役割を担う場合もあることを理解しましょう。すべての怒りが悪いわけではないのです。自分の子どもや他の人が正当に扱われることを求めるがゆえに、怒りを感じることもあるでしょう。怒りの本来の目的は、物事を矯正し、悪を正すために私たちを動機づけることです。「飲酒運転に反対する母の会（MADD）」は、路上に蔓延《まんえん》するこの悪を止めるために、怒る女性たちによって始められました。この団体は、飲酒運転によって子どもを失った一人の女性が、飲酒運転にもっと厳しい制裁を加える法律を求めて議員に働きかけるという形で、怒りを建設的な方向に持っていくことで始まったのです。

しかし、怒りは、問題を解決するよりも生じさせる場合のほうがはるかに多いものです。怒りという感情は、いつも妥当な理由で表れるわけではありません。往々にして理不尽で、私たちはなかなかそれを制御できません。むしろ、怒りに乗っ取られてしまうことのほうが多いものです。怒りに燃えるあまり、人は理性をほうり投げ、物事を一層悪くするような破壊的な方向に向かうこともしょっちゅうです。さらに、自分のことでも他者のことでも、私たちはいつでも何が最善かを正しく判断するとはかぎらず、自分勝手な方法で気に入らないことを正そうとします。

子どもの健全さを脅かすもの

怒りとは、あまりよく理解されていない感情です。なぜ怒りを感じるのか、どのように表現するのか、そのいらだつ思いに対処する方法をどのように変えることができるのか……。親である私たちが怒りを理解し、それを適切に扱うすべを知らなければ、子どもが怒りを覚えるときに、どうしたらいいのか教えてあげることはできません。そうです、私たちはみな、親であろうと子どもであろうと、日々怒りを覚えるのですから。

子どもにとって、子ども自身の怒りこそ生涯で一番の脅威であると聞くと、あなたは驚くでしょうか。もし子どもが自分自身の怒りに適切に対処しないのであれば、怒りはその子を傷つけ、破壊するでしょう。怒りを適切に処理できないことこそ、悪い成績、うまくいかない人間関係、果ては自殺の可能性まで、子どもが現在、そして将来直面するであろうあらゆる問題にかかわっているのです。今、そして今後も、子どもを守るために全力を尽くすことは親にとって必須です。

逆にいえば、子どもが怒りを上手に処理することを学ぶなら、それは人生で大きな強みとなります。人生の問題の多くは回避され、あなたの子どもは怒りに振り回されるのでなく、それを自分の益となるように用いることができるでしょう。

大人と怒り

同様に重要なのは、親である私たちも、自分の怒りを適切に扱うすべを学ぶことです。それを習得している大人はめったにいません。ほとんどの怒りは無意識のうちに外に出てしまうからです。加えて、大人であっても、子どもじみた方法でしか怒りに対処できない人は少なくありません。これは配偶者や子どもたちに対してどのような態度をとるかに一番よく表れます。たとえば、ジャクソン家の例を見てみましょう。

一日の仕事が終わり、疲れたジェフ・ジャクソンは居間でテレビを見ていました。妻のエレンは疲れた体で皿洗いをしていました。二人とも、互いに対して不満を覚えていました。そこに息子がやってきて、お母さんにクッキーをねだります。エレンはクッキーを出すような気分ではなかったので、「夕ご飯を全部食べなかったでしょ。クッキーはあげませんよ」と言いました。息子ががっかりして居間に行くと、そこにお菓子の袋を見つけました。しかし、それを食べようとすると、父が言います。「何をしてるんだ。お母さんの言ったことを聞いただろ？お菓子はだめだ。」

息子は部屋を後にしますが、五分後にバスケットボールを床につきながら戻ってきます。

「ボビーの家に行ってもいい?」

「だめだ!」父親はピシャリと言います。「まだ宿題を終わらせてないだろう? それに、ボールを床につくのはやめろ!」

息子は部屋を出ますが、また五分後に戻ってきて、今度はキッチンでボールをつきます。「お母さん、宿題をするのに本がいるんだけど、学校に置いてきちゃったんだ。ボビーなら持ってるから、ボビーのところに行って借りてきてもいい?」ちょうどそのとき、ボールがテーブルにぶつかり、コップが倒れて床の上に落ちました。

物音を聞いたジェフはソファから立ち上がり、キッチンをのぞき込みます。「ボールを床につくのはやめろと言っただろう!」息子の手をつかんで居間に引きずり入れ、「何度言ったらわかるんだ! 父さんの言うことを聴けないやつはこうしてやる!」と叫びながら、息子のお尻を激しくたたき始めます。

エレンはキッチンから叫びます。「やめてちょうだい。そんなにたたいたら死んじゃうわ。」ジェフがようやく手を止めると、息子は泣きながら自分の部屋に走っていきます。ジェフは再びソファに座ってテレビを凝視します。エレンは寝室に駆け込んで泣きます。家族の怒りは、何も建設的なものを生み出しませんでした。

この家庭では多くの感情が渦巻いており、だれもが怒っていました。妻は、夫が皿洗いの手伝いをしてくれないことで怒り、父は息子がバスケットボールに関する家庭のルールを守らないことで怒っていました。そして、息子はだれよりも怒っていました。父の仕打ちが自分のしたことに対して必要以上に厳しかったからです。妻もまた、夫の息子に対する仕打ちに怒っていました。

この場合、問題は何も解決されず、すべての状況が悪化しました。息子がこの怒りをどうするかは、この先になってみないとまだわかりません。表面的には親に従って、とりあえずうまくいっているように見えても、怒りの根が後になって別の行動として現れることはまず間違いないでしょう。では、同じ状況で、異なる形で怒りに対処していたらどうなっていたか、考えてみましょう。

夕食後、エレンは皿洗いの手を止め、居間に行ってソファのジェフの隣に座ります。そしてしばらく、ジェフの愛の第一言語を語り、それからこのように言います。「ちょっと聞いてもらえるかしら。私、今かなり腹が立っているの。でも心配しないで。あなたを攻撃したりはしないから。私の問題を解決する手伝いをしてほしいだけなの。話を続けてもいい？ それとも、番組が終わるまで待ったほうがいいかしら？」それからエレンは、キッチンに戻るか、別の部屋に行ってしばらく本でも読みます。

ジェフと話をするときになったら、エレンは穏やかな口調で、二人とも一日働いて疲れているのに、自分ばかりが夕食の支度や後片づけをして、ジェフは手伝ってくれないことについて不満を感じていると伝えます。もう少し手伝ってほしいと意思表示し、これからはそうしてもらえないかと尋ねます。

もしエレンとジェフがこのような会話をしていたなら、息子がクッキーを欲しがったとき、エレンは違う対応をしていたかもしれません。息子が父に注意された後にキッチンでバスケットボールをついたときも、父はボールを取り上げたら、息子の愛の言語でしばらく語り、ルールを守らないことについて説明してから、二日間バスケットボールの使用禁止を言い渡すことができたはずです。もしそうしていたなら、この家庭での状況は、どれだけ違うものになっていたでしょうか。

自分自身の怒りをコントロールすることを学んでいない親は、子どもにもそれを教えることはまずできません。にもかかわらず、この種の訓練は子どもや社会の幸福のために不可欠です。もしあなたが、自分自身の怒りのコントロール方法を学んだことがないのであれば、ぜひとも何らかの助けを得て、まずは自分がそれを習得してください。そうすれば、子どもにも模範を見せながら、怒りの適切な対処のしかたを教えることができます。

品性の訓練

怒りにどう対処するかを学ぶことは、品性の中でも重要な側面の一つである「誠実さ」を子どもが発達させるのに大きな影響を与えます。子どもが自分の怒りを適切に処理できるように訓練しましょう。そうすれば、品性が練られ、誠実な人格を培うことができます。子どもが成熟した方法で自分の怒りに対処することを学ばなければ、その子の品性、つまり価値観や倫理・道徳観に、いつまでも未成熟な部分が残ります。そのような未熟さは、誠実さの欠如として表出することでしょう。

この欠如は、子どもの霊的な成長にも重要な影響をもたらします。子どもが自分の怒りにうまく対処できなければできないほど、その子どもの権威に対する態度は、神に対する態度も含めて、反抗的なものとなるでしょう。子どもが親の霊的な価値観を受け入れないのは、もっぱら子どもが自分の怒りに未成熟な形でしか対処できないことに起因します。

しかし、心配はいりません。親として、子どもに自分の怒りに対処する訓練をするなら、子どもは立派に成長するでしょう。怒り自体は人間の正常な反応であることを忘れないでください。それ自体は、よくも悪くもありません。怒りが問題なのでなく、その対処のしかたが問題なのです。怒りは、さもなくば黙りこくってしまいそうな場面でも、行動を起こすための活力と動機を与えてくれることもあります。

ジルという恥ずかしがりやの十四歳の女の子がいました。ジルは人と言い争ったり意見の対立をするのが苦手で、すぐに相手に迎合してしまうのでした。ジルは歴史の授業で、先生が何かにつけて、あらゆる宗教、特にキリスト教を批判してけなすことに辟易《へきえき》していました。先生は、ジルが尊敬している有名なクリスチャンを頻繁にあざけるのです。ジルはクリスチャンだったので、最初は先生のそのような態度に混乱し、やがて自分の信仰にも疑問を覚えるようになりました。

その年の半ば頃のある日、先生が「牧師の子弟」について、非常に辛辣《しんらつ》なことを言いました。ジルの友達の中には牧師の娘がいたので、先生のことばにジルは怒りを覚えました。怒りを覚えるどころか、激怒しました。その晩、ジルは同じクラスのクリスチャンの友人たちに電話し、ある計画を練りました。次に先生が他者をあざけるような発言をし始めたら、立ち上がって反論することにしたのです。ただし、敬意をこめた形での反論です。そうすることで、ジルたちは先生のコメントが不快であることを先生に知らしめました。先生は、最初は生徒たちを笑い飛ばそうとしましたが、間もなく自分のことばが愚かしく聞こえることに気づき、話題を変えるようになりました。その年度の残りは、先生はもはや信仰や宗教について意地の悪い発言をすることはなくなりました。ジルは自分の怒りを建設的に用い、先生に自分の間違った態度を知らしめ、自らの個人的な自由を守ったのです。

怒りを抱えた子どもが受動攻撃反応に陥らないように助けるには

残念なことですが、たいていの人は、ジルのようには自分の怒りを上手に管理できません。怒りを抱えた人がよく見せる破壊的な行動に、受動攻撃行動と呼ばれるものがあります。受動攻撃行動とは、個人や集団に対して、間接的に（「受動的に」）表された怒りの表現です。権威的立場にある人物が願うこととは正反対のことを行おうと、無意識のうちに決意するのです。権威的立場にある人物とは、親、教師、牧師、上司、警察官、さらに法律や社会規範も含まれ、つまり権威を象徴するあらゆる人物や価値体系のことです。子どもにとっては、その権威的立場にある存在とはもっぱら親を指すでしょう。

十五歳のチャックは賢く、学習に特に何の問題もありません。よい成績を取るだけの能力は十分にあります。ほとんど毎日教科書を家に持ち帰り、宿題をやります。しかし、チャックは親に腹を立て、本来の自分の能力よりもずっと劣った成績を取ってくるようになりました。親はいらだちます。チャックのこの行動は、典型的な受動攻撃行動といえます。

受動攻撃行動を識別する

子どもの行動における問題には多くの理由があるため、それが受動攻撃性のものであるか正しく判断することが重要です。それを見極めるために、いくつかのチェックポイントがあります。第一に、受動攻撃行動とは、理不尽なものです。これはチャックのケースを見ても明らかです。能力があり、一生懸命努力しているにもかかわらず、悪い成績を取ってくるというのは理解に苦しみます。

第二に、その行動を正そうとして大人が何をしてもうまくいかない場合、受動攻撃行動が疑われます。受動攻撃行動の目的は、自分にとっての権威者をいらだたせることなので、その権威者が何をしようとも関係ないのです。チャックの両親や先生が何をしようとも、彼の成績は変わりませんでした。宿題を手伝い、よい成績が取れたらご褒美をあげると言い、罰則まで試しました。新しい方法を取り入れるたびに、わずかの間は状況が好転したように思えても、すぐに元のもくあみになるのでした。受動攻撃行動を取り扱うのが難しいのはこのためです。背後にある目的は権威者をいらだたせることなので、チャックは無意識のうちに、何をしてもうまくいかないようにしていたのです。

第三に、この行動の目的は権威者をいらだたせることですが、このような行動に出ている本人こそ、究極的には損害を被ることになり、自分の将来や人間関係にも深刻な影響を及ぼすことになります。

十代半ばにおける受動攻撃行動

人生には、受動攻撃行動を見せるのが当たり前という時期が一度だけあります。それは初期の青年期、つまり十三～十五歳くらいの時期です。この行動がだれのことも傷つけていない限り、正常な行動の範囲内であるといえます。子どもはいずれ自分の怒りに成熟した方法で対処することを学び、受動攻撃的な段階を抜け出さなくてはなりません。そうでないと、こういった行動は本人の品性や人格の一部となって、一生とどまることになるでしょう。そして、上司や配偶者、子どもや友人に対してこの行動をとることになります。

私たち親がまだ若かった頃（子どもたちに言わせれば、それは何世紀も前だそうですが）は、私たちがこの行動を見せるのには限界がありました。田舎では、ティーンの反抗といえば、せいぜい農家のおじさんの牛を納屋の屋根の上に引っ張り上げたり、屋外トイレをひっくり返すくらいだったでしょうか。都市部なら、子どもたちがグループでフォルクスワーゲン・ビートルを解体し、持ち主の寝室でそれを組み立て直すといったことをしたかもしれません。今日のティーンは、受動攻撃性の行動を見せるのに、ほかにも多くのことができます。その中には、薬物乱用、暴力、マリファナ、犯罪、妊娠や性病をもたらしかねない性行為、落第、自殺など、危険なものもあります。ティーンがこの段階から抜け出す頃には、彼らの生活にはすでに深刻なダメージがある場合も少なくありません。

親は、害にならない受動攻撃行動と、常軌を逸した危険な行動を見分ける必要があります。たとえば、この時期のティーンが庭の木にトイレットペーパーをぐるぐる巻きにするのはよくあるいたずらです。散らかった部屋も、親の神経に障りますが、害はありません。また、激しい運動をすることは、ティーンが持つ危険や興奮への願望を満たすのに役立つでしょう。同様に、登山やトラック競技、長距離サイクリングや各種スポーツをすることは有益でしょう。

十五歳くらいまでのティーンがこの段階を通り抜けるのを助けるにあたって、十七歳になるまでに子どもが自分の怒りを適切に処理できるよう訓練するのが目標であることを肝に銘じていてください。もっと成熟した方法で怒りに対処するよう学ぶのでなければ、子どもたちがそれまでの受動攻撃行動から離れることはできません。

この段階を抜けきっていない人があまりに多いため、大人でも受動攻撃行動を見せる人は珍しくありません。ほとんどの人は怒りというものを理解しておらず、どのようにそれを処理すべきなのかわかっていません。また、怒りはすべて悪いものだと見なし、厳しくしつけることで子どもから怒りを取り除こうとするという、悲劇的な過ちを犯す親も大勢います。そういうやり方ではだめなのです。厳しくしつけるだけでは、子どもは怒りを建設的な形で処理する方法は学べず、結果として大人になっても怒りを持てあますことになります。自らも学んでいない親が子どもの目の前でふるまっているとおりです。受動攻撃行動は、大学での落第の主な原因です。職場で上司との間に起きるトラブルも、多くは受動攻撃行動が関係ありますし、夫婦間に問題が起きると、配偶者に対してこのような態度をとることもよくあります。受動攻撃行動は、ほとんどの人生のトラブルの背後に潜んでいるので、親である私たちが子どもたちに怒りを適切に処理するすべを教えることは必須です。しつけによってどうこうできる問題ではありません。

子どもが小さいうちから適切な反応のしかたを教える

当然のことながら、怒りの対処のしかたを教えるのにティーンになるまで待ってはいられません。子どもがまだ小さいうちから始める必要があります。もちろん、六歳か七歳になるまでは、何らかの成熟度をもって怒りを処理できるようになることは期待できませんが。

怒りへの対処は、育児の中でも最も難しい部分でしょう。なぜなら、子どもの怒りの表現方法はきわめて限られているからです。子どもには選択肢は二つしかありません。ことばで表すか、行動で表すかです。そして、どちらも親にとっては厄介でしょう。怒りとは何らかの形をとって表出されるべきものであり、怒りを完全に封じ込めることはできません。しかし、親にはなかなかそれが理解できないので、結果として、多くの親が子どもの怒りの表現に、間違った破壊的な方法で反応しています。

先に述べた怒りの表出の二つの選択肢を考えるとき、怒りとは、行動で表すよりもことばで表すほうがよいのだということを理解しておきましょう。子どもが怒りをことばにして発散するとき、親は、成熟した怒りの対処のしかたに近づけるよう子どもを訓練することができます。受動攻撃行動に陥らせることは、何としても避けたいものです。

六歳か七歳になるまでは、受動攻撃行動が子どもの中に芽生えないようにすることが親の主な仕事です。そのためには、何よりもまず子どもの愛のタンクを無条件の愛で満たしましょう。怒りとそれに伴う問題行動の一番の原因は、愛のタンクが空になっていることだからです。子どもの愛の言語をはっきりと、繰り返し語ってあげましょう。そうすれば、子どもの愛のタンクは満たされ、受動攻撃行動が芽生えることはありません。愛のタンクが満タンであれば、子どもは行動を通して「ぼくのこと、愛してる?」と尋ねることで、自分の不満足感を表したくなるプレッシャーのもとにはいません。愛のタンクが空っぽの子どもは、問題行動を通して「ぼくのこと、愛してる?」と尋ねざるをえないのです。もちろん、空っぽの愛のタンクが子どもの問題行動や怒りの唯一の原因だというのではありません。しかし、最もよくある原因であるのは確かです。

次に、子どもには親の怒りに対して自分の身を守るすべがないことをよく認識しておきましょう。あなたが自分の怒りを子どもの上に落とすとき、それはそのまま子どもの内側に入っていきます。これを頻繁に繰り返すのであれば、子どもの中に吸い込まれた怒りは、いずれ受動攻撃行動となって表出してくるでしょう。親は子どもの言うことに怒りで対応せず、落ち着いて耳を傾け、子どもに怒りをことばで表現させてあげてください。怒りに耳を傾けるのは心地よいことではないかもしれませんが、行動で表させるよりは、はるかに好ましいのです。

残念ながら、子どもがことばで怒りを表現すると、たいていの親は子ども以上に腹を立て、「よくも親に向かってそんな口のきき方ができるわね。お母さんに向かって二度とそんな口のきき方をしないでちょうだい。わかったわね！」などと言います。そうすると、子どもには二つの選択肢しか残りません。親の言うとおり、ことばでは怒りを表現しなくなるか、親の言いつけに背くかです。しかし、どちらも困るではありませんか！

子どもが怒りのはしごを上るのを助ける

子どもの怒りを理解するのに、「怒りのはしご」（246―247ページを参照）を想定することは非常に有益です。「怒りのはしご」の概念は、多くの親を助けてきました。成長過程の中で子どもと向き合っていくとき、親はいつでも、子どもがこのはしごを上っていくのを手伝うことになります。怒りを否定的に表現することから、建設的な表現へと上っていくのです。受動攻撃行動やことばで罵倒するところから、解決を求めて落ち着いて、時には心地よいとさえいえる形で反応できるようになるよう、子どもの成長を助けるのが目標です。これは、訓練、模範、忍耐を必要とする長い過程です。はしごの下方、つまり否定的な表現に近いほうにいるときは、進度は遅いものです。この段階では、多少はしごを上ってもまだ否定的なほうにいるため、親にはあまり成果が見えません。図を見ると、受動攻撃行動がはしごの一番下にあることがわかるでしょう。これは、まったく手のつけられない怒りを表しています。これはティーンの年代にはよく見られるものなので、どこかの時点で対処することになります。この段階にとどまらせてはいけません。もしそうするなら、その子の人生は台なしになり、みじめなものになるでしょう。

このはしごは、一度に一段ずつしか上れないことをよく覚えておいてください。もし慌てて先に進ませようとするなら、いらだちが募るだけです。子どもが次のステップをとれるようになるまで、しばらく待ったほうがいいときもあるでしょう。忍耐と知恵が必要です。しかしその結果は、待つだけの価値があるものです。子どもが怒りを表現するのを見ながら、怒りのはしごのどの段階にいるのか、よく見極めてください。そうすれば、次はどのステップに進むのかがわかります。(怒りのはしごについて詳しく知りたい方は、ロスの著書『怒っている子どもを本気で愛するには (How to Really Love Your Angry Child)』を参照してください。)

キャンベル家では、息子のデイビッドが十三歳だったあるとき、とりわけ不快な体験があったのを覚えています。デイビッドは、ふだんから怒り散らすのでなく、何か特別なことがあったときだけ怒りをことばで表していました。

デイビッドは、怒りのことばを時々私に向けることがありました。それは、私が聞きたくないと思うような言い方でした。私は、自分に向かって言い聞かせなくてはなりませんでした。息子に怒りを表現させれば、彼が怒りのはしごのどの段にいるかを見極めるのに役立つとわかっていましたので、心の中で、「いいぞ、デイビッド、その調子だ。怒りを表出させるんだ。怒りが全部出ていけば、いつものおまえに戻れるのだから」と応援していました。もちろん、声に出しては言いませんでしたが。

怒りを外に出させたほうがいいと思ったもう一つの理由は、怒りがデイビッドの内側にとどまり続けるなら、それが家庭を支配してしまうことです。しかし、いったん外に出れば、息子はそのことをばからしく思い、再び私の下に支配が戻ります。息子は自分の怒りをすべてことばでぶちまけたあと、今度は「さて、どうしようか」と考えていました。そのときこそ、私が息子を訓練する番でした。

デイビッドにそれらのことばをすべて吐き出させることは、別の意味でも有益でした。怒りをことばで表現すればするほど、後になってうそや盗みやセックス、薬物、その他の今日よく耳にするようなあらゆる受動攻撃行動となって外に表れることがなくなるからです。これはあなたの子どもにとっても同じです。子どもに怒りをことばで表現させてください。そうすれば、子どもが怒りのはしごのどこにいるかがわかります。そして受動攻撃行動となって表れるのを制限することができます。

9　不快な話し方をし、大声を出している／ののしっている／怒りの対象を他のことに移している／関係ない不満も言っている／悪態をついている／感情的に害になる行動を見せている
10　怒りをその原因となるものに集中させている／不快な話し方をし、大声を出している／悪態をついている／怒りの対象を他のことに移している／物を投げている／感情的に害になる行動を見せている
11　不快な話し方をし、大声を出している／悪態をついている／怒りの対象を他のことに移している／物を投げている／感情的に害になる行動を見せている

否定的

12　怒りをその原因となるものに集中させている／不快な話し方をし、大声を出している／ののしっている／物を壊している／悪態をついている／感情的に害になる行動を見せている
13　不快な話し方をし、大声を出している／ののしっている／怒りの対象を他のことに移している／物を壊している／悪態をついている／感情的に害になる行動を見せている
14　不快な話し方をし、大声を出している／ののしっている／怒りの対象を他のことに移している／物を壊している／悪態をついている／暴行／感情的に害になる行動を見せている
15　受動攻撃行動

注　ゴシック体になっているものは、怒りの感情を否定的な形で表現していることを表す。（ロス・キャンベル著『How to Really Love Your Angry Child』〔Colorado Springs: Cook, 2003〕より抜粋）

怒りのはしご

建設的

1　心地よい話し方／解決を求めている／怒りをその原因となるものに集中させている／最初に怒りのもととなったことがらにとどまっている／論理的に考えている

2　心地よい話し方／怒りをその原因となるものに集中させている／最初に怒りのもととなったことがらにとどまっている／論理的に考えている

建設的と否定的が混在

3　怒りをその原因となるものに集中させている／最初に怒りのもととなったことがらにとどまっている／論理的に考えている／不快な話し方をし、大声を出している

4　最初に怒りのもととなったことがらにとどまっている／論理的に考えている／不快な話し方をし、大声を出している／怒りの対象を他のことに移している

5　怒りをその原因となるものに集中させている／最初に怒りのもととなったことがらにとどまっている／論理的に考えている／不快な話し方をし、大声を出している／悪態をついている

6　論理的に考えている／不快な話し方をし、大声を出している／怒りの対象を他のことに移している／関係ない不満も言っている

主に否定的

7　不快な話し方をし、大声を出している／怒りの対象を他のことに移している／関係ない不満も言っている／感情的に害になる行動を見せている

8　不快な話し方をし、大声を出している／怒りの対象を他のことに移している／関係ない不満も言っている／ののしっている／感情的に害になる行動を見せている

怒りをことばで表現させる

親であるみなさん、このように子どもを扱うことは、決して簡単ではありません。子どもが怒りをことばで表現するのを許すことは、甘いように思えるかもしれませんが、実際にはそうではないのです。子どもはいくつになっても、普通は未熟な方法で怒りを表すものだということを思い出してください。子どもが怒りを表すとき、それに対して腹を立て、「怒るな」と強要するだけでは成熟した方法で怒りを処理する訓練などできません。もし、無理やり子どもの怒りを抑えつけるなら、受動攻撃行動がいずれ出てくるだけです。

成熟した方法で怒りを処理できるよう子どもを訓練したいと思うなら、どんなにそれが不快であろうとも、まずそれをことばで表現することを許さなくてはなりません。怒りをことばで表現することを許すなら、子どもが怒りのはしごを上っていくのを助けてあげられます。いいですか、怒りはすべて、ことばに表れるか、行動に表れるかのどちらかです。ことばに表れることを許さないなら、受動攻撃行動が出るしかありません。

子どもが怒りをことばに表すとき、それは必ずしも無礼なことではありません。無礼かどうか判断するためには、「私の親としての権威に対する子どものふだんの態度はどうだろうか」

と自問してください。たいていの子どもは、九割方は礼儀正しいものです。あなたの子どもも例外ではなく、しかし何らかの状況に関してあなたに向かってことばで怒りを表現しているなら、これこそまさに、あなたが願うべきことです。子どもが怒りの感情をいったん外に出してしまえば、あなたは子どもを訓練する絶好の位置に立つことができるからです。

「子どもがことばで怒りを表現しているときに、それをありがたく思えだとか、自制せよだとか、それは無理だ」と思うかもしれませんね。確かに簡単ではないでしょう。しかし、そのようにあなたが行動するなら、あなた自身が成熟せざるをえなくなります。それによって、後の人生で起こりかねない最悪の事態から、あなたの家族とあなた自身を救うことになるのです。

「特に何かに怒っているわけでもないのに、年から年じゅう怒りに満ちたことばを出している子どもの場合はどうなのか」と思いますか？　そのとおりですね。親を自分の思いどおりに動かすために怒りを表現する子どもも確かにいます。そして、それは許されることではありません。他者を傷つけ、怒らせようとして怒りのことばを口にすることは不適切なことであり、矯正されなくてはなりません。そのような言動は、他の問題行動の場合と同じように取り扱ってください。ただし、矯正するにあたっては、「愛情深く、しかしきっぱりと」という原則の実践を忘れないでください。

子どもがいらだっているときに、怒りをことばで表現させることは、親が子どもを訓練するのにちょうどよい機会になります。それについては次に述べます。子どもが怒りをことばで表現するときは、あなたもしっかり自制してください。もちろん、子どもがこれといった理由もなく怒りを発散させていたり、単にあなたを操作しようとして怒りを表しているときには、それは受け入れるべき行動ではないですから、他の問題行動と同じように対処すべきです。しかし、たとえ子どもが容認できない形で怒りを発散させていても、あなたは子どもに対して怒りを爆発させてはいけません。いつも愛情深く、しかしきっぱりとしていてください。

訓練のとき

子どもが正常な範囲内での怒りをぶつけてくるときには、訓練の絶好のチャンスだと思いましょう。ただし、あなたも子どもも落ち着いて、よい感情が戻ってくるまでは訓練を始めてはいけません。あまり間を空けすぎてもよくありません。間を空けすぎると、起きたことの上に建て上げるという効果が失われてしまいます。あなたと子どもの間で事態が落ち着いたらすぐに、一緒に座って次の三つのことをしましょう。それぞれに、子どもが怒りを建設的な形で処理する助けになるはずです。

1 責めるつもりではないということを、きちんとわからせてあげましょう。特に、子どもがふだんから権威に対して適切な態度を示しているなら、自分がしたことに対して罪悪感を覚えているかもしれません。怒りをことばで表現したことについて、責めたりしないとあなたが伝えてあげなければ、子どもは二度とそれをしなくなってしまうかもしれません。そうなると、子どもが「怒りのはしご」を上る手伝いをしてあげられなくなります。この訓練で重要なことは、あなたが子どもを一人の人間として受け入れていて、喜びであれ悲しみであれ怒りであれ、子どもがどのように感じているのかいつでも知りたいと思っていると、子どもにしっかりわからせてあげることです。

2 子どもが正しい行動をとったことに関しては、ほめてあげましょう。たとえば、「あなたが怒っていることを、お母さんにわからせてくれたのはよいことよ。弟や犬に八つ当たりしなかったわね。物を投げたり、壁をたたいたりもしなかったわ。あなたはただ、お母さんに、あなたが怒っているということを教えてくれたのね」と言うという具合です。子どもの行動で正しいことがあれば、何でも言及してあげましょう。子どもがことばで怒りをあなたに向けるときはいつでも、何らかの正しいことをし、何らかの間違ったことを避けているのですから。

3 子どもが「怒りのはしご」を一段ずつ上るのを助けてあげましょう。最終的には、より建設的な形で怒りを表現できるようになるのが目標です。そのためには、禁止ではなく、お願いする形で子どもに話すことが必要です。たとえば、「お母さんにそういう口のき方をするのはやめなさい！」と言うのでなく、「これからは、そういう言い方はやめてくれるかな？」と言うのです。もちろん、だからといって子どもがすぐにお願いどおりにしてくれるという保証はありません。しかし、子どもが十分に成熟したあかつきには、きっとそのようにしてくれるでしょう。それは次の日かもしれないし、数週間、数か月後かもしれません。

このような訓練は、長く困難な過程です。しかし何度も繰り返すうちに、子どもは言われなくても正しいことができるようになっていきます。訓練に加え、あなた自身が怒りを成熟した方法で処理するよい模範を見せてあげることで、子どもはやがて自分で自分を訓練できるようになっていくでしょう。

子どもが怒りに対処するのを助けてあげることについてのさらなる情報は、ロスの著作『「本当の愛」をどう伝えるか——親と子のコミュニケーション学』『10代の子供の心を理解するために』をお勧めします。

愛と怒り

繰り返しますが、子どもが怒りに対処する方法を教えるにあたって、最も重要なことは、あなたが無条件の愛を示してあげることです。自分はそのように愛されていると知っているなら、そしていつでも本当に愛されていると感じるなら、子どもはあなたの訓練にはるかによく反応してくれます。さらに、十七歳までに感情的な成熟に到達させるというあなたの目標を達成する可能性もずっと高まるでしょう。

本書では、愛を「その人の興味に気を配り、その人のニーズが満たされるように求めること」と定義します。その定義によれば、すべての悪いことばや行いは、愛の欠如の表れだということになります。子どもを愛していながら、同時にいいかげんに扱うということはできません。子どもに対して悪い行いをしながら、なおも愛していると言い張るのであれば、それは「愛」ということばを無意味なものにします。そのように扱われる子どもは、愛されているとは感じません。それどころか、自分は愛されていないと思って怒りを感じるでしょう。

親から愛されなかったと感じたがゆえに怒りを抱えている大人は、世の中に大勢います。そのような人たちは、自分の怒りには正当な理由があると言うかもしれません。しかし、理由はどうあれ、その根底にあるのはやはり愛の欠如です。みな、「もし私を愛してくれていたなら、私をこんなふうには扱わなかったはずだ」と言うのです。

無条件に愛され、愛の言語で語りかけられているなら、決して怒らないはずだとは言いません。時には怒ることもあるでしょう。不完全な世界に住んでいるのですから、それは当然です。子どもの怒りを和らげるためには、子どもの考えに合わせるべきだとも言いません。しかし、彼らが何をどのように見ているのかに耳を傾け、何を心配しているのか理解するよう努力すべきです。そうして初めて、彼らの考えが不当なものか、あるいは何か誤解しているのか判断することができます。場合によっては、親のほうが子どもに謝罪すべきときもあるでしょう。また、子どものためを思って親が判断したことについて、なぜそうしたのか、説明したほうがいい場合もあるでしょう。あなたの判断を子どもが好まなかったとしても、十分時間を取って子どもの不満に耳を傾け、その気持ちを理解するよう心がけるなら、子どもも親の判断を尊重してくれるでしょう。

怒りを処理し、さらにそれを成熟した方法で扱えるよう訓練することは、育児の中でも一番難しいことの一つです。しかし、その報いは大きいのです。子どもの愛のことばを語り、愛のタンクを満たし続けましょう。そして、子どもが怒りの処理のしかたを学び、他者が怒りを処理するのも助けてあげられるような、愛情に満ちた責任感のある大人へと成長していくのを見守りましょう。

第11章　シングルペアレントと愛の言語

子どもの愛のタンクを満タンにすることは、時にはとても難しいことのように思えます。親が疲れていたり、子どもが要求ばかりしてきたり、親のほうが愛のタンクを満たしてほしいと感じたり……。そんなときには、配偶者と協力して二人がかりで取り組みたいものです。しかし、もしあなたがシングルペアレントだったら、どうしたらいいでしょうか？

今日、シングルペアレントの家庭は少なくありません。両親が協力し合って子どもの心のタンクを定期的に満たしてあげる代わりに、孤軍奮闘せざるをえない親が大勢いるのです。自分たちの結婚生活の中から流れ出す愛を通して子どもに愛を与えてあげる代わりに、傷つき孤独なシングルペアレントが、自らも十分な助けを得られないままに、必死に自分の中から愛を注ぎ出そうとしているのです。

しかし、たとえあなたがシングルペアレントだとしても、子どもの愛のタンクを満たすことは可能です。子どもを愛することについて本書で語ってきたことは、子どもに親が二人いようと一人だろうと同じだからです。シングルペアレントの家庭には独自のニーズがありますが、五つの愛の言語の力に変わりはありません。米国勢調査局の二〇〇〇年の報告によると、十八歳以下の子どもの約四人に一人（二十七パーセント）がシングルペアレントのもとで暮らしています。だからこそ、愛の言語の普遍的な力を強調したいと思います。今日、シングルペアレントの家庭に暮らす子どもが大勢いるので、愛の言語を子どもに語ることに関連して、これらの家庭が直面している特別なニーズについて本書でも触れておきたいと思います。

シングルペアレントの家庭と一口にいっても、みな同じではありません。離婚によってそうなった家庭もあれば、配偶者の死による場合もあるでしょう。親が未婚の家庭もあります。[1]離婚によるシングルペアレントの家庭では、子どもはもう片方の親ともよい関係を続けている場合もありますし、逆に完全に関係が途絶えていたり、悪い関係になって子どもが苦しんでいたりする場合もあります。親戚の近くに住んで、祖父母や叔父や叔母、いとこたちとの関係からよいものを得ている場合もあるでしょう。一方で、親戚からは遠く離れた場所にいて、自分たちだけで何とか暮らしているという場合もあります。

状況にはいろいろあるでしょうが、いずれの場合もシングルペアレントが子どもの愛の第一言語を語って、効果的に愛を示すことは可能です。

家庭での葛藤や混乱

母親のみ、父親のみの家庭で、子どものニーズを満たすよう努力しつつ、同時に仕事も維持し、何とか自分の生活を保とうとしている人であれば、そこで生じる葛藤《かっとう》がいかなるものかよくご存じでしょう。時間に追われ、経済的なニーズに圧迫され、社会的にも個人的にもあなたと子どもたちが経験せざるをえなかった変化がどのようなものであるか、痛いほどおわかりでしょう。自分一人でしっかり子育てできるだろうかと不安を覚えることがあるかもしれません。専門家と称する人たちが、シングルペアレントの家庭で育った子どもたちが陥りがちな落とし穴などについて語るのを聞いたこともあるかもしれません。時には、何もかも自分一人でやらないといけないことに、孤独と疲弊を感じることもあるでしょう。

これまでも、片方の親と死に別れたなどして、残るもう一人の親によって育てられた人たちは大勢いました。しかし、近年ようすが変わってきたのは、離婚によるシングルペアレントの家庭の増加です。両親の離婚によって片方の親と離ればなれになった子どもたちは、大変な心理的トラウマを受けます。このような子どもたちのトラウマは、往々にして死別によって親を失った子どもが感じるトラウマより強いものです。

片方の親が亡くなる場合、子どもはほかに選択の余地がなかったことを知っています。死に至る前に病気だった期間があれば、子どもはある程度死を受け入れる用意もできているでしょう。一方、離婚は片方または両方の親の選択によるものです。たとえ、その「選択」が必要なものだったとしてもです。配偶者と死に別れた親は、子どもの記憶に気を配ってあげなくてはなりませんが、いなくなった配偶者との継続的な関係――それが肯定的なものであれ、否定的なものであれ――については、心配する必要はありません。一方離婚した親は、親権を持たない側の親との今後の関係をどうするか、これから先、長い間考えていくことになります。

離婚した親の多くが、その後の親戚づきあいや教会とのかかわり方について戸惑っています。外部からの声にどう対応したらいいのか、だれもわかっていません。離婚はよくないことだと声に出さずにはいられない人たちもいますし、離婚は勧められないと真っ先に言うのはたいてい離婚経験者たちです。

離婚ほど、今日の私たちの社会のあり方を根底から変えてしまったものはおそらくないでしょう。にもかかわらず、離婚によるシングルペアレントの家庭の増加はとどまるところを知らず、離婚によって幾重にも生み出されている社会問題は、本書では扱いきれません。本章の焦点は、今、私たちがすべきことです。自分で選んだわけでもなく、また自らの手で変えることもできない環境に置かれてしまった子どもたちをどう助けたらいいのか、ということです。また、家庭を守り、幸せで責任感ある子どもたちを育てるために、果敢に努力している何百万ものシングルペアレントのことも考えます。

シングルペアレントの家庭の子どもでも、両親がそろった家庭の子どもでも、抱えるニーズは同じです。異なるのは、そのニーズが満たされる方法です。シングルペアレントの家庭では、子どもの面倒を見る人が一人しかいません。そしてその人は、どういう理由でシングルペアレントになったのであれ、たいてい何らかの傷を抱えています。傷ついた親が傷ついたわが子のニーズを満たそうとしながら、人生とはそこそこに公平なものなのだと子どもたちに納得させようとしています。子どもたちは通常の成長に伴うさまざまな困難に向き合うだけでなく、本来自分たちの生活に入ってくるはずではなかった問題にまで取り組まざるをえないのです。

「過渡期にある家族」センターの創設者であり所長であるジュディス・ウォラースタインは、離婚が子どもにもたらす影響について、非常に広範囲にわたった調査をしました。著書『セカンドチャンス　離婚後の人生[2]』で、ウォラースタインは次のように述べています。「離婚は短期的には痛みをもたらすが、やがてはかかわるすべての人にとってより大きな幸福をもたらすものだ、という広く受け入れられている考えをもってこの研究に臨んだ。」ところが、この調査の結果は、そのような考えが間違っていたことを明らかにしました。多くの場合、子どもたちは両親の離婚がもたらした痛みから回復できないままでいるのです。

ウォラースタイン、サンドラ・ブレイクスリー他の調査員が面接をした子どもたちの多くは、自分は「離婚した親の子ども」という特別な範疇《はんちゅう》に入ると見なしていました。彼らは、自分と同じような体験をした他の子どもたちとの間に親近感を覚えます。このような子どもたちが共通して感じる感情には、恐れ、怒り、不安があります。両親が離婚して十年経ってもなお、これらの感情は頻繁に彼らの心に表れていました。

子どもが悲しみの過程を通り抜けるのを助ける

恐れ、怒り、不安といった感情は、子どもの心のタンクをたちまち枯渇させます。タンクを満たすために子どもの愛の第一言語を語るときも、多くの愛が必要になることを覚えていてください。「現実否認」、「怒り」、「交渉」、そして「さらなる怒り」――これらは悲しみの過程を通るときの普通の反応です。親が離婚した場合でも、死別の場合でも、どちらの子どももこれらの感情を経験します。子どもは最終的には親を失ったことをある程度受け入れるようになりますが、子どもにとって重要な役割を持つ大人が、親を失ったことについて子どもと率直に語り合うのであれば、子どもはこれらの悲しみの段階をより早く進んでいくことができます。子どもたちは、自分の痛みや悲しみについて、分かち合い、共に泣ける人を求めているのです。この過程において、家族が十分に子どもを助けてあげられないのなら、優しい牧師や友人、あるいはカウンセラーがその役割を担えるでしょう。

それでは、悲しみへの反応の段階ごとに、親や大人の友人がこの過程で子どもをどのように助けてあげられるのか見てみましょう。このとき子どもの愛の第一言語を語ってあげるなら、子どもが悲しみの過程を通り抜ける助けになります。

現実否認

通常、悲しみに対する最初の反応は、「現実否認」です。両親が離婚することや親が死んでしまったことを信じたいと思う子どもはいません。子どもは、両親は一時的に離れているだけであるかのように話したり、あるいは亡くなった親はどこか旅に出ていて、いずれは戻ってくるかのように話したりします。この段階では、子どもは恐怖におびえており、非常に深い悲しみと喪失感を抱えています。両親に何とかして元どおりになってほしいという強い願いから、頻繁に泣くかもしれません。離婚の場合、自分が拒絶されたかのように感じているかもしれません。

怒り

現実否認の次には、激しい「怒り」の段階が続きます。現実否認とともに怒りが表れることもあるでしょう。子どもは暗黙のルール、つまり「親は子どもの面倒を見るべきであり、子どもを捨てたりしない」ことを親が破ったことで怒っています。この怒りはことばをもってはっきりと表現されることもあれば、内側に秘められることもあるでしょう。内側に秘めるのは、親の感情を逆なでしたり、親に罰せられたりすることを恐れるからです。怒りを表に出す子どもは、かんしゃくやことばによる爆発、時には破壊的な行動に出ることもあるかもしれません。子どもは、起きていることに対して自分ではどうしようもないため、無力に感じます。さらに、非常に深い孤独感を覚え、だれとも話をすることができないと感じることもあります。

子どもの怒りは、家を出た親、自分と共にいる親、あるいはその両方に対して向けられるかもしれません。死別の場合、怒りの矛先は神に向かうかもしれません。子どもは、愛されていると感じることを切実に必要とします。だれかが自分のことを本当に心配してくれていると知ることを求めるのです。たいていの場合、出ていったほうの親からこのようなケアを受けることはありません。一緒に住んでいる親からは、そのようなケアを受け取るかもしれないし、受け取らないかもしれません。一緒にいる親に離婚の原因があると子どもが思っていると、どちらの親からも愛情を受け取ることを拒むかもしれません。そのため、祖父母や他の家族、親戚、学校の先生、教会の牧師などといった大人が、子どもの愛のニーズを敏感に感じ取ってその埋め合わせをしてあげる必要があります。もし、それらの大人がその子どもの愛の第一言語を知っているなら、感情的ニーズをより十分に満たすことができるでしょう。

ロビーの愛の言語はスキンシップでした。父親は、ロビーが九歳のときに家を出ました。過去を振り返って、ロビーは次のように言います。「おじいちゃんがいてくれなかったら、ぼくはこれを乗り越えられていたかわかりません。父が家を出た後で最初におじいちゃんに会ったとき、おじいちゃんはぼくを腕の中に抱えて、長い間抱きしめてくれました。何も言いませんでしたが、おじいちゃんがぼくを愛してくれて、いつもぼくのそばにいてくれるのだということがわかりました。おじいちゃんは、会いに来るたびにぼくを抱きしめ、別れ際にもそうしてくれました。ぼくにとって抱きしめてもらうのがどれだけ重要なことだったか、おじいちゃんが意識していたのかはわかりませんが、まるで乾いた地面に降る雨のようだったのです。

母は、ぼくが自分の気持ちをことばに出したり、質問したり、痛みを分かち合うよう励ましてくれました。母がぼくを愛していてくれることはわかっていましたが、初めのうちは、ぼくは母の愛を喜んで受け入れることができませんでした。母はぼくを抱きしめようとしましたが、ぼくは母を押し返したものでした。多分、父が出ていったのは母のせいだと思っていたのだと思います。後になって、父が家を出たのは他の女の人とつきあい始めたからだと知り、母を誤解していたことに気づきました。それから、ぼくは母からのハグを受け入れられるようになり、ぼくたちの関係はもう一度親密なものになりました。」

交渉

現実否認と怒りの次に来るのは「交渉」です。両親が別居すると、子どもは何とかして二人をもう一度引き止めようとします。両親のそれぞれと話そうとするかもしれませんし、二人一緒に話そうとするかもしれません。何とか仲直りして、もう一度やり直してくれと両親に懇願するのです。ことばで懇願することがうまくいかなければ、無意識のうちに、過激な行動をとることで親の注意を引き、そうやって親を操作しようとするかもしれません。親が本当に自分の幸せを考えてくれているのか、親を試そうとするかもしれません。薬物使用、万引き、破壊行動、性的不品行、果ては自殺までしようとするかもしれません。

さらなる怒り

交渉の次に来るのは、「さらなる怒り」です。両親が離婚した子どもの心の中には根深い怒りがあり、長い間つきまとうのです。離婚後少なくとも一年間は、罪悪感、怒り、恐れ、不安感などの感情に苦しむことになるでしょう。子どもはこれらの感情とつき合うことに多くのエネルギーを費やすので、学校の成績が下がったり、より攻撃的で否定的な社会行動に出たり、大人への敬意を失ったり、孤独感を味わったりするかもしれません。シングルペアレントはそのような痛々しい状況の中で、子どもの愛のニーズを満たし、家庭に何らかの平常の状態を取り戻すよう努力するのです。これは決して簡単なことではありません。

読書と会話を利用する

喪失や悲しみと関連したもう一つの問題は、否定的な感情に圧倒されている子どもたちは、物事を明確に考えるのが困難になっていることです。もしあなたがシングルペアレントで、十代の初め頃までの子どもがそういう状況になっているなら、一緒に本を読むといいでしょう。それは子どもが痛みや喪失について明確に考える助けになります。子どもの年齢に合った物語や歌、詩を選びましょう。心温まるよい絆作りのときにもなります。『ピノキオ』やビアトリクス・ポターの作品など、しっかりした倫理・道徳観を持った楽しいお話はたくさんあります。また、子どもによい書物を選ぶためのガイドとして、特にグラディス・ハントの『母と子の読書教室――子どもにこころの蜜を』(すぐ書房)、ウィリアム・キルパトリックの『品性を育てる本（Books That Build Character）』、そしてウィリアム・ベネットの『魔法の糸――こころが豊かになる世界の寓話・説話・逸話100選』（実務教育出版）がお薦めです。

本を読んであげるときは、子どもの反応によく気をつけてみてください。子どものレベルで話ができるよう、どう思うかなどを聞いてみましょう。道に迷った子どもや動物の話を読んでいるときに子どもが心配するようなら、その子の優しさをほめてあげるいいチャンスです。さらに、道に迷うとどう感じるかとか、自分にとって大切な人を失うとどう感じるかなどについて語り合ってもいいでしょう。

このように教えることは、子どもが非難や批判（自分に向けられたものであれ、他者に向けられたものであれ）を対処しようとするうえで非常に重要です。どんな子どもでも、責任のなすり合いをするものです。「ずるいよ、あの子が先に始めたのに」とだれでも言います。怒っていると思考が混乱します。自分が腹を立てているのは他者のせいだと、子どもが当然のように考えるのは珍しくありません。子どもたちが落ち着いたら、一つの状況にもいろいろな見方があることを説明してあげましょう。子ども同士のけんかだけでなく、家庭内で起きたことについても同様です。それによって、子どもは他者の立場に立って物事を見ることを学びます。

とはいえ、いつでもほかの人に合わせるべきだという意味ではありません。特に、子どもが自分を捨てた親のことをひどく恨んでいる場合には、その子が感じている喪失感は自然なものであり、そのことで罪悪感を覚える必要はないということを知らせてあげましょう。

ほかにも、本を読んであげるときにできることがあります。それは、子どもの日々の生活の中での出来事について語り合ったり、一緒に物語を考えたりすることです。これは、子どもの心の内側で何が起きているのかを理解するよい手がかりになります。子どもはそれについて具体的に表現できなくても、そうして親と話すことの中に自然と表れてくるかもしれません。

協力を得る

自分一人の力で子どもの愛のニーズを満たすことのできる親はいません。先にも述べたように、自分の親からは愛を受け取ろうとしない子どももいるでしょう。彼らの傷と怒りはあまりにも大きく、愛を受けつけられなくなっているのです。そのようなときには、祖父母、親戚の人たち、教会やコミュニティーの人たちの出番です。

もしあなたがシングルペアレントであれば、他の人が協力を申し出てくれるのを待っていてはいけません。あなたの家族の邪魔をしたくなくて遠慮している人がいるかもしれませんし、単にあなたにニーズがあることに気づいていない人たちもいるでしょう。あなたやあなたの子どもが助けを必要としているのであれば、あなたの町でどんなサービスが受けられるか、調べてみましょう。子どもの学校の関係者や、教会の人に聞いてみるのもいいでしょう。

親戚はどんなときでもありがたいものですが、子どもが喪失を体験したときにはなおさらです。たとえば、近所に住むおじいちゃんやおばあちゃんには、週のうち学校のある日にさまざまな形で助けを求めることができます。彼らの存在は、シングルペアレントとなった息子や娘にとっても励ましになります。朝、子どもが学校に行く支度を手伝いに来てもらってもいいですし、学校に迎えに行ってもらうこともできるでしょう。放課後、医者に連れていったり、音楽やスポーツなどの習い事の送り迎えを手伝ってもらったりすることもできます。

助けが必要だとわかれば、喜んで手を貸してくれる人は大勢います。彼らは手伝いをしたいと願っていますし、あなたも手伝いを必要としています。問題は、双方をいかに引き合わせるかです。町の教会は、手伝いを必要としている人とボランティアしたいと思っている人を引き合わせるのに格好の場所です。そのためのネットワークを持っている教会もあります。自分にニーズがあることを人に知らせるのに抵抗があるならば、このことを思い出してください。あなたは自分のためだけにやっているのでなく、子どもの幸せのためにも努力しているのです。

シングルペアレントの家庭での愛の言語

親が離婚しても、子どもが親からの愛を必要としていることに変わりはありません。違いは、離婚のトラウマによって子どもの愛のタンクが激しく破れてしまったことです。破れてしまった愛のタンクは、先に述べたような子どもが経験している感情に、何時間もかけて子どもの気持ちをいたわりつつ耳を傾け、受け止めることによって修繕してあげなくてはなりません。愛のタンクの修繕の過程は、それ自体が愛の表現です。多くを語る必要はありません。ゆっくりと耳を傾け、子どもが現実に直面し、傷を認めるのを助け、痛みに共感してあげるのです。これこそ癒やしの過程を織りなす重要な部分です。

もちろん、子どもの愛のタンクをもう一度満たしてあげるうえで一番の方法は、その子の愛の言語を語ることです。子どもの愛の第一言語は、親を亡くしたり親が離婚したからといって変わりません。子どもの愛の言語を学び、その子の生活の中で重要な位置を占めている大人にも、その言語を語ってもらうようお願いしましょう。そうでないと、親切な大人は自分のやり方で子どもに語ろうとします。それはそれで有益ですが、子どもの愛の第一言語を理解しているなら、なお効果的なのです。

離婚直後の数週間は、子どもはどちらの親からも愛を受けつけないかもしれません。その場合、その子にとっての重要なほかの大人が、愛を表現してあげられる唯一の存在かもしれません。子どもの愛の第一言語が肯定的なことばであるなら、祖父母や他の大人からはそれを受け取るかもしれませんが、あなたのことばは一時的に拒絶することもありうるでしょう。贈り物が第一言語でも、離婚したばかりの親からの贈り物は、親に向かって投げ返すかもしれません。そうなっても怒らないでください。このような行動も、子どもの悲しみの過程に必要なのです。子どもが両親に起きたことを受け入れ、自分にはそれを元に戻せないと理解し、これからはシングルペアレントの家庭に暮らすのだと受け入れる段階までくれば、両方の親から感情レベルでも愛を受け入れられるようになるでしょう。

子どもが特に愛を必要としているときに適切な愛を受け取るならば、家族がばらばらになったことの痛みも無事にくぐり抜け、充足感のある大人へと成長していけます。クリスチャンキャンプ協議会の取締役ボブ・コブレブッシュは、そのよい例です。ボブの父親は成功したビジネスマンで、母親は専業主婦でした。ボブがまだ小さい頃、父は会社を辞め、カルトに入信し、五人の息子たちがいる家族を何度も引っ越しさせました。その後、父親はポリオにかかって体が不自由になり、家族は親戚のいる故郷のウィスコンシン州に戻ってきました。そしてボブが九歳のとき、両親は離婚しました。

この頃、ボブと兄弟たちはキリスト教に触れ、全員キリストを救い主として受け入れました。仕事の当てもなく、家族は福祉の世話になり、それは母親が複数のパートの仕事をかけ持ちすることで何とか生計を立てられるようになるまで続きました。母親はやがて学校に行って就職に必要な学位を取り、教師になりました。

今日、ボブと兄弟たちはみな、教育を受け、幸せな結婚もし、社会に貢献しています。ボブは言います。「母はいつも前向きでした。暗いことは口にせず、まるで私たちは普通の家族のようでした。そうではないと、自分たちでも知らなかったのです。献身的な母親とクリスチャンの歩み方を教えてくれる親戚がいなければ、私たちはいったいどうなっていたでしょうか。自分の育ちと、シングルマザーの母親を神に感謝します。」

ウェスト・コースト神学校の心理学の教授、アーチボルト・ハートも、自分がシングルペアレントの家庭でもしっかりと成長できたことを、家族と神の力のおかげだと言っています。南アフリカ出身のハート家は、何年もの家庭内の確執の後、ばらばらになってしまいました。母親は離婚後のほうが幸せそうでしたが、経済的な不安から、アーチボルトと弟は祖父母のもとで育てられることになりました。祖父母は熱心なクリスチャンで、少年たちは祖父母からいつも、「おまえたちにできないことは何もない」と励まされながら育ちました。

ハートはシングルペアレントたちに、次のような助言をします。「変えられないものは何もありません。もしあなたに今、支援してくれる人たちがいないなら、支援者を求めましょう。どれだけ大勢の人たちが協力してくれるか、きっと驚くことでしょう。子どもたちも、適切な環境さえ与えられれば、たくましく、生産的で、創造力豊かに育ちます。簡単すぎる人生は、魂にとってよくないのです。[3]」

子どものためにも、希望を捨てず、夢を握りしめていてください。今は大変なように思えても、いつでも明日が、そして来年があります。あなたも子どもたちも、喪失感から抜け出す方向へ着実に前進していますか。生活の多くの分野で成長していますか。もしそうなら、その成長は今後も続くと思ってください。成長することは、あなたという人間の一部になったのです。

あなた自身の愛の必要を満たす

ここまで主に、両親が離婚した子どもについて語ってきましたが、子どものニーズを必死に満たそうとしているシングルペアレントにもニーズはあります。子どもが罪悪感、恐れ、怒り、不安などの感情を通っている間、親のほうも似たような感情を経験しているのです。夫に捨てられた妻には、新しく興味を持てる男性が現れたかもしれません。家庭内暴力を振るう夫を追い出した妻は、拒絶や孤独といった自分自身の感情と闘っているかもしれません。シングルペアレントもまた、ほかの人と同じように愛を必要としています。前の配偶者や子どもがそのニーズを満たすことはないため、たいていの場合、友人に助けを求めます。これは、あなたの愛のタンクを満たし始めるために効果的です。

ただし、新しい友人を作るにあたって注意してほしいこともあります。シングルペアレントは心がとても弱り、愛を切実に必要としているので、優しくしてくれる異性に対して非常に心引かれやすくなっています。そのため、あなたの弱みにつけこんで、性的、経済的に、そして感情を利用しようとする人まで受け入れてしまう大きな危険があるのです。シングルペアレントになったばかりの人は、新しい友人を作ることには十分気をつけ、よく相手を選んでください。愛を求める相手として一番安全なのは、あなたの家族を知っている昔からの友人です。自分の愛のニーズを無責任な形で満たそうとしてはいけません。そうでないと、悲劇に次ぐ悲劇が待つだけです。

また、子どもたちもあなたにとって非常に大きな愛の源となります。子どもたちは、心の奥底ではあなたのことを愛しているからです。彼らもあなたの愛を必要としています。心理学者のシェリルとプルーデンス・ティッピンは、「子どもに与えることのできる最善の贈り物は、あなた自身の感情的、身体的、霊的、知的健康である」と言いました。[4] 考えるのもつらいかもしれませんが、今後、あなたは何年間もシングルペアレントのままかもしれません。その期間が長くとも短くとも、子どもにとって、誠実さと責任感がある人の模範となりたいものです。子どもが責任感のある大人へと育っていくうえで、そのようなロールモデルを必要としているからです。

注

1　国勢調査局の報告では、一九九四年に誕生した赤ん坊のうち二十八パーセントが独身女性が出産した子どもで、人数にすると百万人になり、それまでの最多記録を打ち立てた。

2　ジュディス・S・ウォラースタイン、サンドラ・ブレイクスリー著　高橋早苗訳『セカンドチャンス　離婚後の人生』（草思社）Judith Wallerstein and Sandra Blakeslee, *Second Chances: Men, Women, and Children a Decade After Divorce* (New York: Ticknor & Fields, 1990).

3　Lynda Hunter, "Wings to Soar," *Single Parent Family*, May 1996, 7.

4　Sherill and Prudence Tippins, *Two of Us Make a World* (New York: Henry Holt, 1995), 56.

第12章　夫婦の間で愛の言語を語る

「子どもを愛する最上の方法は、その子の母親（父親）を愛することである」と言った人がいました。そのとおりです。あなたが子どもとどうかかわるか、そして子どもがあなたの愛をどう受け取るかは、夫婦関係のよしあしによって大きく影響されます。もし健全な結婚生活を送っているなら、つまり夫婦双方が互いに優しさと敬意と誠意をもって接しているなら、あなたとあなたの配偶者は育児においてもパートナーとして助け合えるでしょう。しかし、もし互いに批判的で、ことばもきつく、愛のない態度をとり合っているのなら、子どもを育てるにあたっても二人の間には調和がないかもしれません。子どもは感情に敏感ですから、こういったこともすぐに感じ取るものです。

ここまできたらもうおわかりでしょうが、幸せで健全な結婚に最も重要なものは愛です。子どもが心に愛のタンクを持っているように、あなたにも愛のタンクがあります。あなたの配偶者もです。私たちはみな、配偶者から深く愛されていると感じたいのです。そうすれば、世界は明るく見えるからです。しかし、愛のタンクが空っぽだと、「私の配偶者は、私のことを本当は愛していない」という思いに苛《さいな》まれ、世界が暗く見えてきます。結婚生活で道を外したり不適切な行動が表れるのは、ほとんどが空っぽの愛のタンクに起因します。

あなたが愛されていると感じ、子どもにも愛されていると感じさせてあげるためには、配偶者の愛の第一言語を語る必要があります。そこで本書では、最後に、大人の愛の言語についてお話ししたいと思います。夫として、妻として、自分にとって特に深く愛を感じさせてくれる愛の言語があなたにもあるでしょう。配偶者がその言語で愛を表現してくれるとき、心から愛されていると感じるのです。五つの愛の言語はどれもうれしいでしょうが、中でもあなたにとって特別なものがあるはずです。

子どもがそれぞれ異なるように、大人もそれぞれ違います。夫婦の愛の第一言語が一致することはめったにありませんし、配偶者があなたになじみのある愛の言語を語るとはかぎりません。これはよくある間違いです。たとえば、あなたは父親に「息子よ、女性には花を贈りなさい。女性は何よりも花を喜ぶんだ」と教えられたかもしれません。そこで妻に花を贈ります。ところが、妻はそれをたいして喜びません。何がいけないのでしょう？　あなたに誠意が足りなかったのでなく、妻の愛の言語を語っていなかったのです。妻は花もそれなりにうれしかったでしょうが、彼女の愛の第一言語を語っていれば、もっと深く愛を示すことができたはずです。

もし夫婦が互いの愛の第一言語を語らないなら、それぞれの愛のタンクは完全には満たされることがありません。「恋愛中」の感情的高揚がなくなってくると、二人の間の違いはより大きなものに感じられ、互いにだんだんといらだちを募らせるようになるでしょう。かつて体験していた恋愛中の温かい気持ちを思い出しては、もう一度それを取り戻して幸福感を味わいたいと思うかもしれませんが、自分の配偶者との間でどうやってそうしたらいいのかわかりません。家庭生活は退屈で変わりばえがなく、満足からはほど遠いものになってしまったからです。

恋、それとも愛？

多くの人たちは、「恋に落ちる」という体験を通して結婚に至ります。恋愛中は自分の愛の対象は完璧に見えるものです。相手の中にある不完全さには気づかず、自分の愛は特別で、こんなに深く愛し合っている二人はほかにいないと思うのです。もちろん、やがて目が開かれ、現実世界に立ち返り、相手の本当の姿が見えるようになってきます。欠点も何もかもです。

「恋愛中」の体験のほとんどが、「恋愛の外」へと変わります。

ほとんどの人は、恋に落ちた経験があるでしょう。それも、一度だけでなく何度かあるかもしれません。そして、そのときのことを振り返っては、感情の高みにあったときに愚かしいことをしないでよかったと胸をなでおろします。しかし、今日、あまりに多くの人たちが恋愛に取り憑《つ》かれたようになり、家族にも大きな害を及ぼしています。不倫はこのようにして始まります。結婚の初期の頃や恋愛中に感じていたような、とらえどころのない心の高まりを追い求めてしまうのです。しかし、そのような感情的高まりが減ったからといって、愛そのものが衰えたわけではありません。

「愛」と「恋愛」には違いがあります。「恋愛」の感情は一時的なものであり、多くの場合、論理的な根拠のない未発達な感情的反応にすぎません。一方、純粋な愛はまったく違います。相手のニーズを第一にし、その人が成長し、花開くことを願います。純粋な愛は互いに与え合うことを選びます。結婚には、自分を愛することを選んでくれるパートナーが必要です。そうすれば二人とも幸せに愛を受け取ることができ、愛するという自分の努力のゆえに相手に益がもたらされ、その人が幸せになっているのを見て、自分もまた喜びます。

このような愛には、犠牲と努力が伴います。ほとんどの夫婦は、どこかの時点でうきうきするような初期の恋愛感情を失い、自分は結婚相手を今でも愛しているのだろうかと考えるようになります。そのとき、この結婚を継続して何がなんでも添い遂げるのか、それとも関係を手放すのかを決心することになります。

「そんなのは不毛だ。愛は感情ではなく、適切な行動の伴う〝態度〟の問題だというのか？」と思うでしょうか。『愛を伝える５つの方法』でもお話ししたように、花火のような恋が大好きで、そういう刺激を願う人たちも確かにいます。

流れ星や風船や情熱はどこにあるのでしょうか？　期待感や目の輝き、しびれるようなキス、セックスの興奮はどうなったのでしょう。自分こそは、相手にとってのナンバーワンだと知っていることからくる精神的な安心感は？[1]

もちろん、それらのことは間違いではありません。そういった感情は、時には夫婦が二人の関係に忠実であることへの報いとしてやってきます。しかし、そのような感情をいつでも期待すべきではありません。

とはいえ、パートナーは互いに愛のタンクを満たし合う必要があります。もし双方が相手に通じる愛の言語を語るのであれば、それは可能です。カーラの結婚に欠けていたものはそれでした。「リックに愛されているって、感じられなくなったの。」ある日、カーラは姉に打ち明けました。「私たちの関係にはもう何もなくて、とても孤独だわ。以前は私がリックの人生で一番大切なものだったのに、今では二十位くらいに下がってしまったみたい。仕事、ゴルフ、アメフト、ボーイスカウトでのボランティア、家族、車……。私は彼のリストの一番下よ。リックは私が妻としてやるべきことをやっているのは認めているみたいだけど、それが当然だと思って感謝してくれないの。確かに、母の日や誕生日や結婚記念日にはいつもすてきなプレゼントや花を贈ってくれるわ。でも、それも私には意味がないのよ。

リックは、私と一緒に時間を過ごしてくれないの。一緒に出かけることはないし、夫婦として何かをするなんて皆無よ。会話だってろくにないんだから。考えただけで腹が立ってくるわ。お願いしないと一緒に時間を過ごしてくれないなんて。あげくに、私が彼のことを批判しているると言って怒るの。つきまとうな、ほっておいてくれって。リックは、自分にはよい職があって、薬物もやっていないし、あれこれうるさいことを言わないんだから、私は感謝すべきだって言うのよ。でも、悪いけど、私はそれだけじゃ満足できないの。私は、私のことを愛してくれて、一緒に時間を過ごす価値があるほど、私を大切だと思ってくれる夫が欲しいのよ！」

リックが見落としているカーラの愛の言語に気づきましたか。リックは「贈り物」の言語を話していましたが、カーラは「充実した時間《クオリティ・タイム》」を切望していたのです。結婚当初は、カーラも贈り物をリックの愛の表現として受け取っていました。しかし、肝心の第一言語が無視され続けてきたため、愛のタンクが空っぽになってしまい、もはや贈り物もほとんど無意味になってしまったのです。

カーラとリックが互いの愛の第一言語を知り、それを話すことを学ぶなら、二人の結婚にも愛の温かさが戻ってくることでしょう。といっても、「恋愛中」の取り憑かれたような非合理な恍惚感《こうこつかん》ではありません。それよりもずっと大切なものです。心の奥底で感じる、配偶者に「愛されている」という実感です。互いに自分こそが相手にとってのナンバーワンであり、人間として尊敬し合い、認め合い、感謝し合い、共にいることを願い、親密なパートナーとしての関係に生きていると知ることです。

これこそ人々が夢に見る結婚であり、夫婦が互いの愛の第一言語を学び、それをいつも語り合うなら、現実のものとなりうるのです。さらに、このような夫婦は親としても力強くなり、子どもに安全と愛をより明確に伝えるチームとして共に働くことができます。次に、それぞれの愛の言語について、これがどう展開されるか見てみましょう。

肯定的なことば

マークは言いました。「一生懸命働いているんだ。仕事だって、そこそこうまくいっている。それに、よい父親だと思うし、ぼくに言わせれば、よい夫でもあると思う。妻に期待するのはわずかばかりの感謝の心だけなんだ。それなのに、妻の口から出てくるのは批判ばかり。ぼくがどれだけ一生懸命働こうと、何をしようと、ジェーンの目には十分じゃないらしい。いつも何かしら文句を言っていて、理解できないね。たいていの女性は、ぼくみたいな夫がいれば喜ぶものじゃないのか？　どうしてジェーンはあんなに批判的なんだ？」

マークは必死になって「ぼくの愛の言語は『肯定的なことば』だ。だれか愛してくれ！」と書かれた旗を振っています。

しかしジェーンも、マークと同じくらい五つの愛の言語については無知です。[2]ジェーンにはマークの旗が見えず、なぜ夫がそんなにも愛されていると感じられないのか、かいもく見当もつきません。ジェーンは考えます。「私はよい主婦だし、子どもの面倒もよく見ているし、フルタイムで働いているし、身の回りもいつもきれいにしているわ。マークはこれ以上何が欲しいというのかしら？　たいていの男性は、おいしい食事が待っているよく片づいた家に帰ってくるのはうれしいものなんじゃないの？」

ジェーンはおそらく、マークが愛されていないと感じていることすら気づいていないでしょう。ジェーンにわかるのは、夫が時々かんしゃくを起こして、「そんなにうるさく言うな」と怒鳴ることがあることくらいです。もしマークに聞くならば、おいしい食事とよく片づいた家は確かにありがたいと認めるでしょうが、そういったものでは愛が欲しいという彼の感情的ニーズは満たされないのです。彼の愛の第一言語は肯定的なことばであり、それがなければ、彼の愛のタンクは満タンになりません。

肯定的なことばを愛の第一言語とする人にとって、口頭であれ書面であれ、感謝をことばで表してもらうことは、まるで花壇に降り注ぐ春の雨のようなものです。

「ロバートの件に上手に対処してくれてありがとう。さすがはあなたね!」

「なんておいしい食事だろう。シェフの殿堂に君の名を入れるべきだよ。」

「芝生がすっかりきれいになったわ。芝刈りしてくれてどうもありがとう。」

「ああ、今夜の君はなんて美しいんだ!」

「長いこと言ってなかったけれど、君が外で働いて、家計を助けてくれていることに本当に感謝しているよ。時には大変なこともあるだろうが、君の助けがなければ到底やっていけないと思う。ありがとう。」

「愛しているわ。あなたは世界で一番すばらしい夫よ!」

肯定的なことばは、口頭で伝えてもいいですし、書面で伝えるのもいいでしょう。結婚前にラブレターや詩をしたためたことのある人は多いのではないでしょうか。結婚後も、ラブレターを書いてもいいではありませんか。この愛の表現をぜひ復活させてはいかがでしょう。手紙を書くのが難しいなら、市販のカードを用意し、あなたの感情をうまく表している部分に下線を引き、一言二言、あなた自身のことばを添えるのでもいいでしょう。

ほかの家族や友人のいる前で肯定的なことばを語るなら、一層相手の心に響きます。あなたの配偶者に愛されていると感じさせてあげられるだけでなく、どうやって肯定的なことばを用いるのか、ほかの人たちに対しても模範を示すことができます。義理の母親の前であなたの妻の自慢をしましょう。奥さんは生涯あなたに夢中になるでしょう。

口頭でも書面でも、誠実な心で語るならば、肯定的なことばを愛の第一言語とする人にとっては、とても深く愛が伝わります。

充実した時間《クオリティ・タイム》

ジムは、『愛を伝える5つの方法』を読んだ後で、私に次のような手紙をくれました。「夫婦で一緒に時間を過ごさないことについて、なぜ妻のドリスがそんなにも不平を言うのか、初めてわかりました。ドリスの愛の第一言語は充実した時間《クオリティ・タイム》だったのです。

それまでは、私がいくらドリスのために何かしてやっても、ちっとも感謝しないで文句ばかり言うので、そのことで私は妻を非難していました。私は行動で示す人間です。散らかっていれば片づけ、整理整頓するのが好きです。結婚当初から、洗車や芝刈りをするのは私の役目でしたし、家の周りはごみ一つ落ちていない状態にいつも保ってきました。部屋の掃除機をかけるのだって、たいていは私です。なぜドリスがそれを喜ばず、二人で過ごす時間がないことばかり文句を言うのか、私にはちっとも理解できませんでした。

しかし、やっとわかったのです。ドリスは私がしていることに感謝してはいたのでしょうが、『尽くす行為』は彼女の愛の第一言語ではなかったため、これだけでは自分が愛されていると は感じられなかったのですね。そこで、私は早速、週末に出かける計画を立てました。ドリスと私と二人きりでです。最後に二人きりで出かけたのはいつだったでしょうか。私がその計画を立てていると知ったドリスは、すっかり夢心地になって喜んでいました。まるで夏休みに出かける子どものようでした。」

この特別な週末を過ごした後、ジムは家計の状態を調べ、二か月に一度は週末に二人で出かけることにしました。二人は、住んでいる州内のいろいろなところに出かけました。ジムの手紙は続きます。

「それから、これからは毎晩、寝る前の十五分間お互いの一日について話し合うことにしようと提案しました。ドリスはその提案を喜びましたが、私のほうからそんなことを言い出すなんてとても信じられないようすでした。

二人で出かけた最初の週末以来、ドリスの態度はすっかり変わりました。彼女はもはや不平を言わなくなり、にこにこしています。目の輝きも取り戻しました。私が家回りの面倒を見ることについても、すべて感謝してくれるようになりました。それに、私に対して批判的なことも言わなくなりました。そうです、私の愛の第一言語は肯定的なことばなのです。こんなに幸せなのは何年ぶりでしょうか。もっと早くに五つの愛のことばについて学ばなかったことが、唯一残念です。」

互いの愛の第一言語を発見したことにより、ドリスやジムと同様の経験をした夫婦が大勢います。ジムのように、配偶者の愛の第一言語を学び、それを定期的に語るようにしましょう。そうすれば他の四つの愛の言語もさらに意味を持つようになります。なぜなら、配偶者の愛のタンクが満たされ続けるようになるからです。

贈り物

どんな文化でも、贈り物をすることは夫婦の間の愛の表現の一つとされてきました。これは、西洋文化の交際中や見合い結婚の準備期間中のように、結婚する前から始まります。欧米では、贈り物をすることは女性よりも男性に対して強調されていますが、男性の愛の第一言語が贈り物を受け取ることである場合もあります。妻が自分の服などを買ってくるのを横目に見ながら、「ぼくのためにシャツやネクタイや靴下を買ってこようとは思わないのだろうか？

買い物の最中にぼくのことを思い出してくれることはあるのだろうか?」と、時には無言で考えると認める夫たちも少なくありません。

贈り物をもらうときに何よりも愛を感じる配偶者にとって、プレゼントは「彼は私のことを考えてくれていたのね」とか「ぼくのために妻が買ってくれたものを見てくれ!」と言います。贈り物とは、選ぶときによく考えるものです。そして、その「考えてくれた」という部分が愛を伝えるのです。「その気持ちがうれしい」という言い方をすることがあるとおりです。しかし、頭の中で考えているだけではだめです。贈り物となって、形に表されるときにその威力を発揮するのですから。

あなたは、妻や夫に何を贈ったらいいかよくわからないでしょうか。もしそうなら、だれかに協力してもらってください。ボブは自分の妻の愛の第一言語が贈り物だと知ったとき、贈り物などしたことがなかったため、すっかり途方に暮れました。そこで一週間に一度、妻にプレゼントを買うために妹に買い物につきあってもらいました。三か月も経った頃には、ボブは自分一人でも妻のためにプレゼントを選ぶことができるようになりました。

マリーの夫ビルはゴルフが大好きなので、それに関連するものなら喜ぶだろうとはわかっていました。しかし、具体的には何を贈ればいいのでしょう? マリーはゴルフのことはほとんど知りません。そこで年に二回、ビルのゴルフ友達に頼んでゴルフ関連のプレゼントを教えてもらい、それを夫に贈るようにしました。ビルはマリーがいつもちょうど欲しいと思っていたようなものをくれることに大喜びでした。

バートは週に五日、仕事でスーツにネクタイを着用します。月に一度、妻のデビーはバートがスーツを購入する店に行き、店員にバートのスーツに合うネクタイを選んでもらうのでした。店にはバートが購入したスーツの記録があるので、いつでもぴったりのネクタイを選んでくれました。バートは周りの人たちに、デビーがいかに思慮深い妻であるかを自慢していました。

もちろん、夫に贈り物をするためには、妻が自分で自由にできるお金を持っていることが前提となります。妻が家の外で働いていないのであれば、家計について夫と話し合うときに、妻も自分の自由にできる分を月々もらえるよう交渉してみるといいかもしれません。夫の愛の第一言語が贈り物であれば、きっと喜んでそのようにしてくれるでしょう。

配偶者の第一言語を話せるようになることは可能です。創造力を働かせる必要があるかもしれませんが、ほかの人と同じことをしないといけないという決まりはありません。配偶者の趣味や、最近興味を持ち始めていることに関係ある贈り物を選んでみましょう。あるいは、二人で出かけるときに贈り物を買うのもいいかもしれません。二人のお気に入りのレストランの食事券や演劇やコンサートのチケットなどもいいでしょう。あるいは、家や庭の仕事をする（あるいはプロに頼む）という、お手製のギフト券はどうでしょうか。小さな子どものいる母親であれば、一人でのんびりできるような場所に数日出かけられるよう手配してあげるのも一案です。妻または夫が大切にしている古いピアノを専門家に手入れしてもらうとか、新しい音響システムを入れるというのもいいと思います。

尽くす行為

ロジャーはカウンセラーと話をしながら、かんかんに怒っていました。「まったくわけがわからないのです。マーシャは専業主婦になって子どもと家にいたいというので、ぼくには十分な収入もあるし、それでもいいと思ってそうさせました。でも、一日じゅう家にいるなら、どうしてそれなりに家の中を片づけておけないのでしょうか？　毎晩家に帰ってくると、まるで被災地に足を踏み入れたかのようです。ベッドは朝起きたときのままだし、マーシャの寝間着もその辺に落ちている。洗濯し終わった衣類は乾燥機の上に山積みで、赤ん坊のおもちゃも部屋じゅうに散らかしっぱなしですよ。買い物に行ったなら、買ってきたものはまだスーパーの袋に入ったまま床の上に放置され、しかもマーシャは子どもとテレビを見ている。『夕飯は？』と聞いても、わからないと言うのです！

こんな豚小屋のようなところに暮らすのは、もううんざりです。ぼくの願いは、完璧でなくてもいいから、もう少し家のことをやってほしいということだけです。夕食の支度だって、毎晩はやらなくていいですよ。週に二回くらい、外食したっていいんだし。」

ロジャーの愛の第一言語は「尽くす行為」で、彼の愛のタンクの目盛りはゼロになっていました。マーシャが外で働くか家にいるかの問題ではありません。ただ、もっと秩序立った暮らしがしたかったのです。ロジャーは、もしマーシャが自分のことを愛しているのなら、もう少し家の中を整え、週に数回は夕食の支度をしてくれるはずだと思いました。

一方マーシャは、もともと片づけが苦手で、計画性がありませんでした。むしろ創造的で、子どもとわくわくするようなことをするのが好きだったのです。マーシャにとって、子どもと楽しい時間を過ごすほうが、家の中をきれいにしておくよりも優先順位が高かったのでした。夫の愛の言語である「尽くす行為」を話すことは、マーシャにとってほとんど不可能でした。

なぜ私たちが言語の比喩《ひゆ》を用いるのかわかるでしょうか。もしあなたの母国語が英語なら、ドイツ語や日本語を学ぶことはとても難しく思えるでしょう。マーシャにとって尽くす行為という愛の言語を学ぶのが難しいのも、同じことです。しかし、自分にとっては外国語でも、それが愛する人の第一言語であるなら、それを流暢《りゅうちょう》に話せるようになろうと決心しないでしょうか。

マーシャは、子どもたちと遊んでもらうために、近所の高校生に夕方家に来てもらうよう手配しました。そうすればマーシャはその時間、「ロジャーに愛を示そう」処置を家に施すことができるからです。そして、子守りと引き換えに週に数回、数学の家庭教師をしてあげることにしました。さらに、意識して週に三回は夕食の支度をするようにしました。午前中に下ごしらえをし、夕方には仕上げるだけでいいようにしたのです。

同じような状況にあった別の女性は、友人と一緒に近くの料理教室で食事の準備の基本を学ぶコースを取ることにしました。一人がクラスに行っている間は、もう一人が子どもたちの面倒を見るようにしたのです。クラスで新しい知り合いができるのも、よい刺激となりました。

配偶者が喜ぶとわかっていることをするのは、愛の言語の基本です。皿洗い、部屋の壁のペンキ塗り、家具の配置変え、庭木の手入れ、水回りの修理、風呂場の掃除などは、どれも仕えることです。掃除機がけや洗車、赤ん坊のおむつを取り替えるといったささやかなことでもそうです。あなたの配偶者が何を一番願っているかを見つけるのは難しいことではありません。過去に妻や夫が何について一番不平を言っていたか、考えてみればいいのです。これらのことは配偶者に愛を伝える表現なのだと思えば、もはや意味のない退屈な作業ではなく、ずっとやりがいのあることだと思えるでしょう。

スキンシップ

スキンシップを結婚における単なる性的な営みの一部だとは思わないでください。スキンシップにはもちろん性行為も含まれますが、それだけに限定してはいけません。配偶者の肩に手をかける、妻の髪をなでる、夫の首や背中をマッサージする、コーヒーを渡すときに腕に触れる——これらはすべて愛の表現です。もちろん、手をつないだり、キスしたり、前戯やセックスそのものによっても愛は表されます。スキンシップを愛の第一言語とする人にとって、これらの行為は愛の一番大きな声です。

「夫がわざわざ時間を取って私の背中をマッサージしてくれるとき、彼は私を愛してくれているのだなあと感じます。私に集中してくれるからです。一つ一つの彼の手の動きが、『愛しているよ』と言うのです。夫が私に触れているとき、二人の関係が一番近くなったように感じます。」ジルのことばに、彼女の愛の第一言語がスキンシップであることがありありと表れています。贈り物や肯定的なことば、充実した時間《クオリティ・タイム》、尽くす行為も喜ぶでしょうが、感情レベルで一番彼女の心に届くのは、夫からのスキンシップなのです。それがなければことばはむなしく、贈り物も一緒に過ごす時間も意味がないでしょう。尽くす行為はただの義務の遂行になるでしょう。しかし、スキンシップさえ受け取っていれば、ジルの愛のタンクは満たされ、ほかの言語で語られる愛も心にあふれるようになるでしょう。

女性の性的な欲求は感情的なものであるのに対し、男性の性的な欲求は身体的なものなので、夫が自分の愛の第一言語はスキンシップだと考えることはよくあります。性的なニーズが定期的に満たされていない男性の場合は、特にそうです。性的な欲求が感情レベルでの愛のニーズをしのぐとき、男性はこれこそ自分の一番深いニーズなのだと思います。しかし性的なニーズが満たされていれば、男性も自分の本当の愛の第一言語はスキンシップではなかったと気づく可能性も十分あります。セックスそのものとは関係のないところでのスキンシップをどれだけ楽しんでいるかによって、それを見極めることができるでしょう。もしそれほど重要ではないのなら、おそらくスキンシップは彼の愛の第一言語ではないのでしょう。

夫や妻の愛の言語を発見し、それを語る

「本当にうまくいくだろうか？　結婚生活に本当に違いが出るのだろうか？」と、あなたは考えているかもしれませんね。それを確認するのに一番よい方法は、試してみることです。配偶者の愛の言語がわからないなら、本書のこの章を読んでもらい、二人で話し合ってみてはい

かがでしょうか。もしあなたのパートナーがこの章を読みたがらず、話し合おうとしないなら、推測するしかないかもしれません。夫、または妻がよく口にする不満は何でしょうか。リクエストは？　どういう行動パターンを見せていますか？　さらに、配偶者があなたやほかの人に愛情表現をするとき、どの言語を用いているようですか？　それもヒントになるでしょう。

よく考えたうえで見当をつけたなら、その言語を集中的に語り、次の数週間どうなるかようすを見てみましょう。あなたの判断が正しかったのなら、パートナーの態度や機嫌に変化が表れるのがわかるでしょう。どうしてそんなことをしているのかと聞かれたら、愛の言語に関する本を読んだので、もっと上手に愛を表すことができるように試しているのだと答えればいいでしょう。パートナーは、それについて自分も知りたいと言いだすかもしれません。そうなれば、二人で一緒に『愛を伝える5つの方法』と本書を読んでもいいかもしれません。

互いの愛の言語をふだんから語り合っていれば、二人の間の感情的な雰囲気に大きな変化が表れることに気づくでしょう。双方の愛のタンクが満タンであれば、子どもの愛のタンクもよりよく満たすことができるようになります。あなたの結婚生活も家庭生活も、はるかに充実したものになるはずです。

配偶者の愛の言語を語り、子どもの愛の言語を語ってください。そして変化が出てきたなら、本書のメッセージをぜひ親戚や友人にも分かち合ってください。愛の言語を語る家族が増えていくにしたがって、この社会をもっと愛に満ちたものへと変えていくことができます。家族を愛するために行うことが、究極的にはこの国をも変えていくのです。

注

1　ゲーリー・チャップマン『愛を伝える5つの方法』（いのちのことば社）

2　本章を読んで、あなたの配偶者の愛の第一言語を見極めることについてもっと知りたいと思われましたら、ぜひ『愛を伝える5つの方法』もお読みください。こちらは特に夫婦間の愛の言語に焦点を合わせています。

おわりに

子どもの愛の第一言語を見極め、それを語り始めるなら、あなたの家族関係はより安定したものとなるでしょう。そしてそれは、あなたにとっても子どもにとっても益となります。第１章で述べたように、子どもの愛の言語を語るからといって、すべての問題がなくなるわけではありません。しかし、家庭は安定した場所となり、子どもに希望をもたらすでしょう。これはすばらしい機会です。

とはいえ、新しい愛の言語を語り始めても、疑いや心配はあるかもしれませんね。たとえば、自分の過去や現在の能力に関する心配です。しかし、そのような心配もまた機会のうちです。ここで、それらの特別な機会に目を向けてみましょう。

本書の理想的な読者は、これから家庭を始めようとしている夫婦か、まだ子どもがとても幼い親たちだろうとあなたは思うでしょうか。しかし、現実には本書の読者にはもっと大きな子どもを持つ親、すでに成人して家を出ている子どもを持つ親もいるはずです。あなたは、「もっと早くにこの本を読んでいればよかった。うちはもう手遅れだ」と思っているかもしれませんね。自分の子育てを振り返り、わが子の感情的ニーズを十分に満たしてあげられなかったと気づく親は大勢います。そして、その子どもたちが今や大人になり、今度は彼らが親になろうとしています。

あなたも後悔を感じている親の一人なら、過去を振り返り、どうしてこうなってしまったのだろうと考えていることでしょう。仕事が忙しすぎて、子育てに重要だったはずの期間に十分家庭のために時間を費やせなかったのかもしれません。あるいは、あなたは不安定な子ども時代を送り、親になるのに十分整えられないままに結婚したのかもしれません。あなた自身の愛のタンクがこれまで一度も満たされたことがなく、どうやって子どもに愛を語ったらいいのかわからないのかもしれません。

今では随分いろんなことを学んだとはいえ、「起きたことは起きたこと。今さらそれを変えることなどできやしない」とあきらめているでしょうか。でも、それで終わりではありません！「この先がある」のです。機会はまだあります。人間関係のすばらしいところは、常に変化が可能で、決して固定されていないことです。関係を改善するための可能性は、いつでも存在するのです。

子どもがすでにティーンまたは大人になっている場合、彼らとの関係をより近いものにするためには、壁を打ち崩し、橋をかける必要があるかもしれません。決して容易ではありませんが、やる価値のある作業です。あなたが今、子どもたちに感情レベルで愛を伝えてあげることができなかったと自覚しているなら、今度はそれを子どもたちの前で認めるときかもしれません。子どもたちがまだ同じ家か近所に住んでいるなら、直接会って、彼らの目を見つめながら赦《ゆる》しを請うといいでしょう。そうでなければ、手紙を書いて心からの謝罪を述べ、これからはもっとよい関係を築きたいと願っていると伝えてください。過去をやり直すことはできませんが、これまでとは違う将来を作り上げていくことは可能です。

もしかしたら、あなたは単に愛をうまく表現できなかっただけでなく、感情的、身体的、あるいは性的など何らかの形で、子どもを虐待していたかもしれませんね。アルコールや薬物などの影響下にいたかもしれないし、あなた自身が抱えてきた痛みや未成熟さのせいで、やり場のない自分の怒りの犠牲になってしまったのかもしれません。どんな失敗を重ねてきたとしても、壁を崩すのに遅すぎるということはありません。壁を崩してからでないと、橋はかけられないのです。（もしあなたが今でも子どもを虐待しているなら、その習慣を打ち破るためにプロのカウンセラーの助けを得る必要があるかもしれません。）

過去の過ちについては、何よりもまず、告白して赦しを求めましょう。やってしまったことも、それがもたらした結果も、消すことはできません。しかし、告白をすることで、感情的にも霊的にも、きよめや赦しの可能性を経験することはできます。あなたの子どもがことばで赦しを表現してくれるかどうかはわかりませんが、親が自分の失敗を認めるところまで変わったという事実に、少しはあなたを見直してくれることでしょう。時が来れば、橋をかけようとしているあなたの努力を受け入れてくれるかもしれません。そして、子どもたち、さらに孫たちと、今よりも近い関係を築く特権にあずかれるときが、いつの日か訪れるかもしれません。

たとえこれまでは、あなたは自分で願うほどよい親ではなかったとしても、今から子どもたちに愛を表現し始めることはできます。子どもが、自分には価値があるのだと心から感じられるような方法で、愛を伝え始めることはできるのです。そしてあなたの子どもたちが親になるときには、あなたの変化が次世代の家族にまで影響を与えたのだと知るでしょう。あなたが今、わが子に愛を伝え始めることにより、孫たちはその成長過程において無条件の愛を受け取る機会がずっと増えるのです。

孫たちの愛のタンクが満たされていれば、彼らは学業でも交友関係でも、霊的にも社会的にも、より積極的に生きて多くを得るようになるでしょう。子どもは純粋に愛されていると感じるとき、世界がずっと明るく見えてくるものです。心の奥で安心感を持っているなら、世界に向けてもっと大胆に手を伸ばし、自分の可能性を存分に試してみることができます。

私（ゲーリー）は、いつの日か、すべての子どもたちが愛のある安全な家庭で育つようになることを夢見ています。そこでは、子どもたちは家庭で得られない愛を切望して探し回る代わりに、彼らの発達しつつあるエネルギーを学習や他者に仕えることへと向けているのです。

ゲーリーが赦しを通して得られる霊的・感情的きよめについて言及しましたが、私（ロス）は育児の霊的な側面も覚えておくようみなさんを励ましたいと思います。私にとって自分の育児の中で一番励みとなったのは、神の約束でした。妻のパットと私には、超えなくてはならない多くの困難がありました。その一つは、娘が重度の精神障害を持って生まれたことです。しかし、神はいつでもそばにいて、ご自身のすばらしい約束の一つ一つを確かに果たしてくださるお方であることを、私は保証することができます。神から親たちへの約束の中でも私が特に好きなのは、詩篇《しへん》三七篇二五、二六節です。

私が若かったときも、また年老いた今も、
正しい者が見捨てられたり、
その子孫が食べ物を請うのを見たことがない。
その人はいつも情け深く人に貸す。

その子孫は祝福を得る。（新改訳聖書）

別の翻訳の聖書では、最後の行が「その子孫は祝福となる」となっています。私は何年もこれらの聖書のことばの上に立ち、この約束が真実であるのを数えきれないほど見てきました。私は正しい者が見捨てられるのを見たことがありませんし、その子どもたちが祝福を得、また祝福となるのも見てきました。

子どもたちが成長し、あらゆる面で成熟するのを見て、神が約束を守られ、子どもたちを祝福してくださっているだけでなく、私自身もまた神の子どもであるということに力を得てきました。妻と私は、先行き不安な試練を何度となく通ってきましたが、神はいつでも私たちを助け出してくださいました。

ですから、みなさんのことも励ましたいと思います。あなたの現状がどうであれ、また将来に何が待ち受けていようとも、神は決してあなたを見捨てません。神はいつもあなたの近くにいて、最後まで見守ってくださいます。子どもを育てるとき、そこには子どもだけでなく、あなた自身の霊的成長の機会もあるのです。

旧約聖書の預言者イザヤは、神のみわざを宣言して次のように書いています。

恐れるな。わたしはあなたとともにいる。
たじろぐな。わたしがあなたの神だから。
わたしはあなたを強め、あなたを助け、
わたしの義の右の手で、あなたを守る。[1]

このようなみことばは、人生においても育児においても、困難な局面に向かうとき、あなたを支えてくれます。少なくとも、私と妻はこのみことばによって確かに支えられました。神の確信と約束がなければ、私の話はまったく違うものになっていたでしょう。

詩篇の著者は、子どもたちは「主の賜物《たまもの》」「報酬」であると言いました。[2] 私たちにとって、子どもたちに勝る贈り物はありません。神にとって子どもがそんなにも重要なものであるなら、親である私たちにとっては、すべてであるべきではないでしょうか。ここで、みなさんにお勧めしたいことがあります。よい親であるための「必要条件」を、書き出してみるのです。「必要条件」といっても、プレッシャーや罪悪感を覚えたりしないでください。これは、親としての自分の権威と役割に関して、あなたが自信を持てるようになるためのものです。リラックスして、子どもを思う存分に楽しみましょう。

私がまだ新米の父親だった頃は、子育てに自信がなく、不安を感じていたものでした。しかし、親が子どものニーズを理解するならば、よい親としての「必要条件」を満たすのはそんなに難しくないとわかったのです。幸いなことに、どんな親でも、子どもへの思いがあるならそれを満たすことは可能です。

ぜひみなさんも、この「必要条件」のリストを作ってみてください。最初は二つか三つくらいから始め、それから徐々に増やしていくといいでしょう。自分がこの条件を満たしているのがわかれば、あなたの子どもは上手に育てられていると確信でき、あなたも安心して子どもを楽しむことができるでしょう。この確信が私にとってどれだけ助けになったか、とても言い尽くすことはできません。実際、自分で思っていたよりも私はよい親じゃないか、と思えるようにさえなったのです。

よい親になるための「必要条件」のほとんどは、本書の中に出てきました。みなさんのリスト作りのために参考となるものをご紹介しますが、それをもとに、ぜひ自分でも考え、自分のことばで表現し直してください。以下は、「よい親になるための必要条件」として私が個人的に掲げたリストです。

1　子どもの愛のタンクを満タンにし続ける。そのために五つの愛の言語を語る。

2　子どもの行動を制御するときは、可能な限り一番肯定的な方法を用いる。（お願いする、

やんわりとした身体的操作、命令、罰、行動変容）

3　愛をもってしつける。「この子は何を必要としているのだろうか」と自問し、理にかなった方法で子どものニーズを満たす。

4　自分自身の怒りを適切に取り扱うために、できる限りのことをする。自分の怒りを子どもの上にぶちまけない。愛情深く、しかしきっぱりとした態度でいる。

5　子どもにも、自分の怒りを成熟した方法で取り扱えるよう最善を尽くして教える。目標は十六歳半まで。

みなさんもぜひ自分自身の条件リストを作ってください。リストに書き出したことを、自分は実際に行うことができるとわかってくると、安心して楽しく子育てをすることができます。そして子どもたちも、あらゆる点ではるかに安定していくでしょう。

注

1　イザヤ書四一章一〇節。
2　詩篇一二七篇三節。

もっと詳しく知りたい人のために

愛を表現することを学ぶには

Ross Campbell. *How to Really Love Your Child*. Colorado Springs: Cook, 1992.

Gary Chapman. *The Five Love Languages*. Chicago: Northfield, 2004.

———. *Five Signs of a Loving Family*. Chicago: Northfield, 1997.

Willard F. Harley. *Mom's Needs, Dad's Needs: Keeping Romance Alive Even After the Kids Arrive*. Grand Rapids: Revell, 2003.

James R. Lucas. *1001 Ways to Connect with Your Kids*. Wheaton, Ill.: Tyndale, 2000.

Walter Wangerin Jr. *As for Me and My House*. Nashville: Nelson, 2001.

怒りに対処するには

Ross Campbell. *How to Really Love Your Angry Child*. Colorado Springs: Cook, 2003.

Les Carter and Frank Minirith. *The Anger Workbook*. New York: Wiley & Sons, 2004.

H. Norman Wright. *Helping Your Kids Deal with Anger, Fear, and Sadness*. Eugene, Oreg.: Harvest, 2005.

しつけと子どもの人格形成のためには

Foster W. Cline and Jim Fay. *Parenting with Love and Logic: Teaching Childeren Responsibility*. Colorado Springs: Pinon, 1990.

Kevin Leman. *Making Children Mind Without Losing Yours*. Grand Rapids: Revell, 2000.

Tedd Tripp. *Shepherding a Child's Heart*. Wapwallopen, Pa.: Shepherd Press, 1995.

育児の原則については

Tim Kimmel. *Grace-Based Parenting*. Nashville: W Publishing, 2004.

Carol Kuykendall and Elisa Morgan. *What Every Child Needs*. Grand Rapids: Zondervan, 2000.

Ed Young. *The 10 Commandments of Parenting*. Chicago: Moody, 2004.

愛の言語ミステリーゲーム

子どもの愛の言語を見極める

五歳から八歳の子ども

わが子の愛の言語がわからずに首をかしげている親は大勢います。確かに、幼い子どもの愛の言語を見極めるには、頭を使って推測する必要があるでしょう。というのも、幼い子どもはまだ自分の愛の言語をことばで表現することができないからです。しかし、子どもが五歳から八歳くらいになれば、次のことをやってみてもいいかもしれません。親がどんなふうにして子どもを大切にすると思うかと子どもに尋ね、答えを絵に描くか、ことばで表現してもらうのです。子どもの答えをあなたが誘導しないように気をつけてください。一つか二つだけ、というように数を制限したり、逆に「ほかにはどんなものがある？」とさらなる反応を子どもから引き出すようにしてもいいでしょう。子どもの集中力やそのときの具合によって、たくさんの反応があるかもしれないし、ほんの少ししか得られないかもしれません。あまり反応がないようなら、一週間ほど、愛について子どもにいろいろな形で話題を持ちかけ、子どもがどんなことを「愛」として認識しているか、子どもの反応から推測するという手もあります。子どもと一緒に本を読んだり、テレビなどを見たりしながら、「どうしてママやパパがこの子を愛しているってわかる？」と聞いてみてもいいでしょう。あるいは、一週間ずつ、五つの愛の言語を一つずつ意図的に表現して、子どもの反応を見てもいいでしょう。結果はあくまで主観的なものですが、これらの方法をいくつか組み合わせてみるなら、子どもの愛の第一言語をかなり正確に判断することができるはずだと思います。子どもがちょうどおしゃべり気分になっているときなら、親はどうやって子どもに愛を示すと思うかと尋ねてもいいかもしれません。ポイントは、子どもの答えの中に、繰り返し出てくるもの、パターンとなって表れているものがないかに気をつけることです。それを見極めるなら、子どもの愛の言語を正確に判断できるでしょう。

九歳から十二歳の子どもの場合

子どもが九歳くらいになると、愛に対する自分の感覚を小さいときよりも上手に表現できるようになります。ただし、この年齢の子どもはこういった話題にはまだそれほど興味を示さず、集中力も限られているものです。以下に紹介する「ゲーム」は、子どもの愛の言語を見つけるうえで役に立つでしょう。

まず、子どもに「愛の言語ミステリーゲーム」を解くのを手伝ってほしいと言います。二つずつのコメントからなる二十組の「手がかり」のリストを子どもに見せ、このコメントは親が時々子どもに言うことばだと説明し、子どもに自分が好きだと思うほうのコメントをそれぞれのペアから選ばせます。二十組すべてから選び終えたら、二人で子どもが選んだコメントを集計し、ミステリーを解きます。子どもに、何が「ミステリー」なのかと聞かれたり、このゲームはいったい何なのかと尋ねられるかもしれません。その場合は、どうやったら親が子どもを喜ばせることができるかを調べているのだとか、子どもは親のどういうコメントが好きなのかを知ろうとしている、などと簡単に答えればいいでしょう。

いかにもゲームらしくするために、あなたの子どもの愛の言語は、肯定的なことば、スキンシップ、充実した時間《クオリティ・タイム》、尽くす行為、贈り物のうちどれだと思うかを、紙にこっそり書いておきます。つまり、AからEまでのどの文字を一番多く丸で囲むかです。（312ページ以降参照）あなたが選んだものを子どもに見せないようにし、子どもには、「お母さん（お父さん）がこれだと思う答えを書いたから、ゲームの最後にそれが当たっていたかどうかを調べるよ」と言います。子どもが二十組すべての手がかりのペアから一つずつ答えを選び終えたら、子どもに結果を集計させましょう。そしてあなたが先に選んだものを見せて、あなたの推測が当たっていたかどうかを確認しましょう。ちなみに、Aはスキンシップ、Bは肯定的なことば、Cは贈り物、Dは尽くす行為、Eは充実した時間《クオリティ・タイム》です。

これは、あなたのお子さんにとっては、親が選んだ答えと自分が選んだものが一致しているかどうかを見るちょっとしたゲームです。お子さんは、あなたが子どもの愛の言語を見極めるためにこのゲームの結果を参考にしようとしているとは思いも寄らないでしょう。謎解きゲームなので、あなたの答えと子どもの答えが一致していたかどうかにかかわらず、最後には何か報酬となるようなものを与えてあげてください。(たとえば、一緒に子どもの好きなおやつを食べる、映画を観る、子どもが選んだゲームをするなど。)

ゲームをすることだけに満足して、それ以上何も聞いてこない子どももいるでしょう。しかし、もしあなたの子どもがこのミステリーについてもっと質問してくるようなら、愛の言語について簡単に説明し、子どもがあなたの愛に気づき、それをちゃんと受け取っているかどうかを確認したかったのだと言ってください。子どもが精神的に成熟しているなら、愛の言語に関する自分の考えを分かち合ってくれたり、自分の愛の言語についてさらに詳しく語ってくれるかもしれません。

では、「愛の言語ミステリーゲーム」を子どもにやらせてみる準備はいいですか。ゲームの最初に、集計のしかたに関する簡単な説明が出ています。子どもの年齢によっては、あなたが読んであげる必要があるかもしれないし、さらなる質問が出たときには、答えられるようにしておいてください。また、最後まで終わったら、集計するときにも手伝ってあげてください。それでは、親子でゲームを楽しみ、あなたの子どもの愛の言語を解き明かしましょう！

愛の言語ミステリーゲーム

次のリストは、親が時々子どもに向かって言うことです。二つずつペアになっているので、両方を読んで、あなたがお父さんやお母さんに言ってもらいたいと思うほうを選んでください。そして、選んだほうの文字（A、B、C、D、E）に丸をつけましょう。それぞれのペアから、一つだけ選んでください。全部終わったら、それぞれの文字をいくつずつ選んだか、数えて集計しましょう。数えたら、次のページの集計欄にその数を書き込んでください。わからないことがあったら、お父さんやお母さんに聞いてください。では、楽しく愛の言語ミステリーを解き明かしましょう！

1

ギュッとして!　A

○○くん(ちゃん)〔あなたの名前〕はいい子だね!　B

2

誕生日にとってもいいプレゼントを買ってあげたよ!　C

宿題を手伝ってあげる。　D

3

映画を観に行こうか。　E

腕相撲しよう!　A

4

○○くん(ちゃん)は頭がいいねえ!　B

クリスマスに欲しいもののリストは作った?　C

5

ご飯の支度をするのを手伝ってくれる?　D

一緒にどこか楽しいところへ行こうか。　E

6
チューして！　A
○○くん（ちゃん）は最高！　B

7
びっくりするようなプレゼントがあるのよ。　C
何かすごいものを一緒に作ろうか。　D

8
一緒にテレビを見よう。　E
タッチしたよ！　○○くん（ちゃん）が鬼！　A

9
よく頑張ったね、偉かったよ！　B
○○くん（ちゃん）のために特別なものを用意しておいたよ。　C

10
お友達をうちに呼んでもいいよ。　D
レストランでご飯を食べようか。　E

11
ギュッとしてあげる。 A
○○くん（ちゃん）は本当にすごいね！ B

12
○○くん（ちゃん）の大好きな食べ物を作ったよ。 C
宿題を見ておいてあげたよ。よくできていたね。 D

13
○○くん（ちゃん）と一緒に遊ぶのは楽しいな。 E
かけっこしよう。 A

14
うわあ！　やったね！ B
ベッドの下に、特別なプレゼントがあるよ。 C

15
○○くん（ちゃん）のお部屋を片づけておいてあげたよ。 D
一緒にゲームをしようか。 E

16　背中をかいてあげようか。　A
できるよ、頑張って！　B

17　誕生日には何が欲しい？　C
車でお友達を拾って、映画に行こうか。　D

18　○○くん（ちゃん）と一緒に何かをするのが大好きよ。　E
○○くん（ちゃん）をハグするのが大好き。　A

19　どうやってそんなことしたの？　すごいねえ！　B
早くプレゼントをあげたいな！　C

20　心配しないで。間に合うように迎えに行くから。　D
今日は一日、○○くん（ちゃん）の好きなことをしよう！　E

集計

Aにいくつ丸をつけましたか?　（　　）

Aはスキンシップです。スキンシップを愛の言語とする人は、ハグやキスや握手が好きです。

Bにいくつ丸をつけましたか?　（　　）

Bは肯定的なことばです。肯定的なことばを愛の言語とする人は、ほかの人からほめてもらったり、感謝してもらうのが好きです。

Cにいくつ丸をつけましたか?　（　　）

Cは贈り物です。贈り物を愛の言語とする人は、特別なプレゼントをもらうとうれしくなります。

Dにいくつ丸をつけましたか？　（　　）

Dは尽くす行為です。尽くす行為を愛の言語とする人は、ほかの人から親切なことをしてもらったり、手伝ってもらったり、いろんな場所に連れていってもらうのが好きです。

Eにいくつ丸をつけましたか？　（　　）

Eは充実した時間《クオリティ・タイム》です。充実した時間を愛の言語とする人は、一緒にゲームをしたり、テレビを見たり、出かけたりするのが好きです。

では、お父さんやお母さんの答えがどれだったかを聞いてみましょう。お父さんやお母さんの答えをここに記入してください。（　　）

お父さんやお母さんの答えは、あなたが一番多く選んだものと同じでしたか？

はい　いいえ

おめでとうございます。あなたは愛の言語ミステリーを解き明かし、あなたの愛の言語が何であるかを発見しました。お疲れさまでした！

【著者】

ゲーリー・チャップマン

米国でのベストセラー『愛を伝える５つの方法』シリーズの著者であり、マリッジ・アンド・ファミリー・ライフ・コンサルタント社の取締役。世界各地でセミナーを行い、ラジオ番組は100以上の局で放送されている。さらなる情報は、www.garychapman.orgを参照のこと。

ロス・キャンベル

全米でミリオンセラーとなった『「本当の愛」をどう伝えるか――親と子のコミュニケーション学』の著者。テネシー大学医学部小児科及び精神科の准教授。世界各地で親子関係に関するセミナーを行っている。

【訳者】

中村 佐知（なかむら・さち）

プリンストン大学大学院心理学科博士課程修了。心理学博士。４人の子どもの母親。単立パークビュー教会（米国）所属。主な訳書に『ヤベツの祈り』（いのちのことば社)、『境界線（バウンダリーズ)』（地引網出版)、『ゲノムと聖書』(NTT出版）他がある。

＊聖書は、新改訳聖書（第3版）を使用しています。

子どもに愛が伝わる５つの方法

2009年 8月20日発行

著　者　ゲーリー・チャップマン
　　　　ロス・キャンベル
訳　者　中村 佐知
印刷・製本　モリモト印刷株式会社
発　行　いのちのことば社　CS成長センター
〒164-0001 東京都中野区中野2-1-5
tel. 03-5341-6929
fax. 03-5341-6932
http://www.wlpm.or.jp/

乱丁・落丁はお取り替えします。

ISBN978-4-8206-0272-9　C0016